商业项目规划设计与运营管理丛书

# 商业街
## 运营与管理的策划运作

张 伟 赵向标 汪守军 编著

中国建筑工业出版社

图书在版编目（CIP）数据

商业街运营与管理的策划运作 / 张伟，赵向标，汪守军编著. — 北京：中国建筑工业出版社，2018.2
（商业项目规划设计与运营管理丛书）
ISBN 978-7-112-21512-6

Ⅰ.①商… Ⅱ.①张…②赵…③汪… Ⅲ.①商业街—物业管理 Ⅳ.① F293.347

中国版本图书馆CIP数据核字（2017）第277969号

  本书概述商业街的内涵、特点与风格，回顾商业街发展演变过程与趋势，介绍商业街开发基本要求，精选实例对成功开发商业街做了示范要求，描述商业街日常经营管理内容，明确商业街后期经营关键要求，提供成功运营实例。通过分析商业街物业管理服务特殊性，陈述商业街物业管理基本职能，概括商业街物业管理服务整体策划思路，例举项目机构设置、客户服务、物业管理等实操细节。附录还精选收录商业街管理方面国家、地方技术规范，供相关管理人员参考。

责任编辑：毕凤鸣
责任校对：李美娜

商业项目规划设计与运营管理丛书
## 商业街运营与管理的策划运作
张 伟 赵向标 汪守军 编著

\*

中国建筑工业出版社出版、发行（北京海淀三里河路9号）
各地新华书店、建筑书店经销
北京京点图文设计有限公司制版
北京建筑工业印刷厂印刷

\*

开本：787×1092毫米 1/16 印张：12½ 字数：263千字
2018年1月第一版 2018年1月第一次印刷
定价：46.00元
ISBN 978-7-112-21512-6
（31176）

**版权所有 翻印必究**
如有印装质量问题，可寄本社退换
（邮政编码 100037）

## 商业项目规划设计与运营管理丛书

# 编审委员会

**主编**

周心怡　林正刚

**副主编**

陈智勇　赵向标　夏　青

**编委**（以姓氏笔画为序）

| | | | | | |
|---|---|---|---|---|---|
| 马　骏 | 王敏伟 | 艾　杰 | 冯德榕 | 全　进 | 刘双乐 |
| 刘昌兵 | 刘固基 | 闫翠萍 | 李茂顺 | 杨　华 | 汪守军 |
| 张　伟 | 张万和 | 周　宏 | 赵　敏 | 侯庆宏 | 聂栋伟 |
| 夏　毅 | 夏欣刚 | 徐清刚 | 梁志军 | 赖新林 | 虞建松 |
| | | | | | 廖小斌 |

**策划单位：**

深圳房地产和物业管理进修学院

众安康后勤集团有限公司

# 序

随着城市化进程的加速发展，和住宅市场调控力度的加强，国内许多房地产开发商开始转战商业地产的开发与运营，商业地产经历了一个井喷式增长。但是，由于目前企业项目开发和运营经验不足，商业地产市场普遍存在着前期策划缺环、规划设计与后期运营管理脱节、照搬其他成功商业模式、运营管理混乱等问题。

为了交流和学习中外商业地产开发与运营管理的先进经验和理念，由深圳房地产和物业管理进修学院及众安康后勤集团有限公司联合策划，推出"商业项目规划设计与运营管理实操丛书"。为保证丛书质量，在业内多家品牌企业的鼎力支持下，编委会特别邀请了在商业地产前期策划、规划设计及运营管理方面有丰富实战经验的资深专家，汇集众家智慧，经数年潜心努力编写完成，在此向他们致以衷心感谢！希望丛书的出版，能够为大家在商业地产的规划设计与运营管理上提供一些有益的借鉴，为整个商业地产的健康发展做出努力，促进彼此的交流与合作。

参照业内的最新研究成果，择其要者，本套丛书计划分批推出四个分册。第一批先行出版《商业街规划设计与运营管理》与《城市综合体规划设计与运营管理》两册。随后计划组织出版《工业园区规划设计与运营管理》和《旅游文化园区规划设计与运营管理》两个分册。我们编写本套丛书始终坚持以下四点主要思路：

其一，业态分明，保证各分册内容富有个性。

其二，扩大视野，强调将规划设计与运营管理融为一体，促使物业保值、增值。

其三，注重各类项目规划设计和运营管理的整体运作策划。

其四，强调案例研究，注重实操，提高实战指导价值。

感谢在本丛书编写过程中参考过的所有书籍和文论的作者们。由于时间仓促，书中不足之处在所难免，欢迎业内人士和广大读者提出宝贵意见和建议。

丛书编审委员会

2017 年 10 月

# 前言

根据中国城市商业网点建设管理联合会步行商业街工作委员会起草的（SB\T 10517—2009）《商业街管理技术规范》，商业街（commercial street）是指能够满足人们商业的综合性、专业性和社会性需要，由多数量的商业及服务设施按规律组成，以带状街道建筑形态为主体呈网状辐射，统一管理并具有一定规模的区域性商业集群。

现在世界各国都很重视城市商业街的建设，特别是在国内，各省市开发建设商业街的热潮不断高涨。在大规模城市建设的背景下，从南到北，几乎每个城市都在改建或新建商业街，商业街建设渐成热潮。一个直观的表现就是商业街的数量越来越多，规模越来越大，功能也越来越完备，从最初以单纯的购物为主，发展到集购物、旅游、休闲、娱乐等为一体，单纯的商业中融入了文化、艺术、时尚等各种元素，商业辐射范围也越来越广阔。可以说，商业街已逐步成为城市建设和商业地产开发的主体形态之一，商业街管理也日益成为我国物业管理的典型代表业态。

商业街的长足发展和科学运营管理，呼唤着图书市场能够推出一本内容详实有益的有关商业街合理开发与有效运营管理的图书，以便指导从业人员正确认识和管理商业街！从多数读者的现状出发，在结合本书内容时，我们希望能走出物业管理的视野看待商业街，即既要以商业街物业管理为基本点，又要兼顾商业街的规划开发和运营管理的基本知识与案例分享。本书包括六章和附录部分，分为五个模块：

第一模块：商业街及其发展沿革。第一章概述了商业街的内涵、特点与风格，简要回顾了商业街的发展演变过程与趋势，并从多种不同标准对商业街做了分类比较。

第二模块：商业街的成功开发之道。第二章从十二个方面介绍了商业街成功开发的基本要求，介绍了国内商业步行街开发与发展中存在的问题，并精选上海南京路、北京王府井、武汉江汉路和成都宽窄巷子等实例，对商业街的成功开发做了示范要求。

第三模块：商业街运营管理。包括第三章"运营管理"和第四章"运营范例"。分析了商业街管理机构、招商管理，描述了商业街日常经营管理内容，明确了商业街后期经营的关键要求，并引述广州、深圳、郑州等地的商业街案例，提供了商业街的成功运营实例。

第四模块：商业街的物业管理。包括第五章"整体策划"与第六章"运作案例"。从六个方面分析了商业街物业管理服务的特殊性，陈述了商业街物业管理的五种职能，概括了商业街项目物业管理服务整体策划的思路与内容；并用案例展示方式例举说明了商业街项目机构设置、客户服务、物业管理等实操细节。

第五模块：商业街管理国家、地方技术规范。附录部分，我们精选收录了中华人民共和国国内贸易行业标准《商业街管理技术规范》，和深圳、天津、杭州等地的商业步行街区及特色商业街区管理办法，供相关管理人员参考。

本书写作过程中，我们广泛研究了国内外数十个商业街项目，并据此展开横向、纵向的研究和探索。我们希望这些初步的规律性认识能够指导我们科学地看待商业街，并能够对商业街的开发和经营管理产生一定的启示作用。

总体来看，商业街作为一种新型业态，无论其规划设计开发，还是运营管理和物业保障，对物管行业来说都尚处于研究探讨阶段，远未进入自由状态。但我们也相信，通过全行业有识之士的总结升华，自发的阶段必然终结，我们终将进入商业街认知与管理实操的自由阶段！到那时，物管行业必将涌现一批优秀的商业街项目经营管理与物业管理专业人才！希望本书的出版能够对此有所助益。

赵向标

2017年8月8日写于深圳

# 目录

## 第一章　商业街及其发展沿革　013

第一节　商业街的定位与特征 …………………………………………………… 014
　　一、商业街的概念 …………………………………………………………… 014
　　二、商业街的特点 …………………………………………………………… 014
　　三、商业街的风格 …………………………………………………………… 015

第二节　商业街的历史沿革 ……………………………………………………… 017
　　一、商业街的发展过程 ……………………………………………………… 017
　　二、全球商业街的发展阶段 ………………………………………………… 017
　　拓展阅读：国外十大最有魅力步行街 ……………………………………… 017
　　三、中国商业街形成发展的阶段划分 ……………………………………… 024
　　拓展阅读：全国知名步行街 ………………………………………………… 025

第三节　商业街的分类 …………………………………………………………… 027
　　一、按商业街的等级分类 …………………………………………………… 027
　　二、按商业街的规模分类 …………………………………………………… 029
　　三、按商业街的功能分类 …………………………………………………… 030
　　四、按步行街的主题特色分类 ……………………………………………… 031
　　五、按步行街的建筑结构分类 ……………………………………………… 032
　　六、按商业街的营销方式分类 ……………………………………………… 033
　　七、按业主的经营行为分类 ………………………………………………… 033

拓展阅读：国内主题性商业步行街的文化特色展示⋯⋯⋯⋯⋯⋯⋯⋯⋯⋯⋯⋯ 034

拓展阅读：日本的地下商业街⋯⋯⋯⋯⋯⋯⋯⋯⋯⋯⋯⋯⋯⋯⋯⋯⋯⋯⋯⋯⋯ 035

# 第二章　商业街的成功开发之道　　037

第一节　商业街成功开发要素⋯⋯⋯⋯⋯⋯⋯⋯⋯⋯⋯⋯⋯⋯⋯⋯⋯⋯⋯⋯⋯⋯⋯ 038

　一、准确定位⋯⋯⋯⋯⋯⋯⋯⋯⋯⋯⋯⋯⋯⋯⋯⋯⋯⋯⋯⋯⋯⋯⋯⋯⋯⋯ 038

　二、慎重选址⋯⋯⋯⋯⋯⋯⋯⋯⋯⋯⋯⋯⋯⋯⋯⋯⋯⋯⋯⋯⋯⋯⋯⋯⋯⋯ 038

　三、科学规划⋯⋯⋯⋯⋯⋯⋯⋯⋯⋯⋯⋯⋯⋯⋯⋯⋯⋯⋯⋯⋯⋯⋯⋯⋯⋯ 039

　四、风貌完善⋯⋯⋯⋯⋯⋯⋯⋯⋯⋯⋯⋯⋯⋯⋯⋯⋯⋯⋯⋯⋯⋯⋯⋯⋯⋯ 039

　五、有机链接⋯⋯⋯⋯⋯⋯⋯⋯⋯⋯⋯⋯⋯⋯⋯⋯⋯⋯⋯⋯⋯⋯⋯⋯⋯⋯ 040

　六、规模适度⋯⋯⋯⋯⋯⋯⋯⋯⋯⋯⋯⋯⋯⋯⋯⋯⋯⋯⋯⋯⋯⋯⋯⋯⋯⋯ 040

　七、业态合理⋯⋯⋯⋯⋯⋯⋯⋯⋯⋯⋯⋯⋯⋯⋯⋯⋯⋯⋯⋯⋯⋯⋯⋯⋯⋯ 041

　八、景观独特⋯⋯⋯⋯⋯⋯⋯⋯⋯⋯⋯⋯⋯⋯⋯⋯⋯⋯⋯⋯⋯⋯⋯⋯⋯⋯ 042

　九、以人为本⋯⋯⋯⋯⋯⋯⋯⋯⋯⋯⋯⋯⋯⋯⋯⋯⋯⋯⋯⋯⋯⋯⋯⋯⋯⋯ 042

　十、控制结点⋯⋯⋯⋯⋯⋯⋯⋯⋯⋯⋯⋯⋯⋯⋯⋯⋯⋯⋯⋯⋯⋯⋯⋯⋯⋯ 042

　十一、营造氛围⋯⋯⋯⋯⋯⋯⋯⋯⋯⋯⋯⋯⋯⋯⋯⋯⋯⋯⋯⋯⋯⋯⋯⋯⋯ 043

　十二、培育商魂⋯⋯⋯⋯⋯⋯⋯⋯⋯⋯⋯⋯⋯⋯⋯⋯⋯⋯⋯⋯⋯⋯⋯⋯⋯ 043

　拓展阅读：商业步行街的规划设计应注意的要素⋯⋯⋯⋯⋯⋯⋯⋯⋯⋯⋯⋯ 043

第二节　商业街的广泛开发与存在问题⋯⋯⋯⋯⋯⋯⋯⋯⋯⋯⋯⋯⋯⋯⋯⋯⋯⋯ 044

　一、我国开发商业步行街渐成热潮⋯⋯⋯⋯⋯⋯⋯⋯⋯⋯⋯⋯⋯⋯⋯⋯⋯ 044

　二、国内商业步行街发展存在的问题⋯⋯⋯⋯⋯⋯⋯⋯⋯⋯⋯⋯⋯⋯⋯⋯ 045

　拓展阅读：中小城市建设的步行街为何"旺丁不旺财"⋯⋯⋯⋯⋯⋯⋯⋯⋯ 047

第三节　商业街规划开发实例⋯⋯⋯⋯⋯⋯⋯⋯⋯⋯⋯⋯⋯⋯⋯⋯⋯⋯⋯⋯⋯⋯ 049

　范例1：上海南京路步行街的规划设计⋯⋯⋯⋯⋯⋯⋯⋯⋯⋯⋯⋯⋯⋯⋯ 049

　范例2：北京王府井商业步行街实例分析⋯⋯⋯⋯⋯⋯⋯⋯⋯⋯⋯⋯⋯⋯ 055

　范例3：特色商业街的开发模式与成功因素案例解析⋯⋯⋯⋯⋯⋯⋯⋯⋯ 057

范例4：天津小白楼历史街区规划策略 …… 067
范例5：武汉江汉路"洗心革面"变成步行商业街 …… 068
范例6：宽窄巷子：历史文化街区向特色商业街的嬗变 …… 070
范例7：广州北京路步行街核心商圈城市更新 …… 074

# 第三章　商业街的运营管理　083

## 第一节　商业街管理机构 …… 084
一、商业街管理机构 …… 084
二、经营者大会 …… 084
三、商业管理委员会 …… 084
四、经营管理公司 …… 085

## 第二节　商业街招商管理 …… 085
一、商业街的定位 …… 086
二、选择最佳业态组合 …… 087
三、商业街的招商策略 …… 088

## 第三节　商业街日常经营管理内容 …… 090
一、商业街形象管理 …… 090
二、销售现场管理 …… 090
三、市场营销推广 …… 090
四、商业价格管理 …… 091
五、商品质量管理 …… 091
六、顾客服务规范 …… 091
七、经营指导管理 …… 091
八、品牌招商服务 …… 092
九、政府关系协调 …… 092
十、经营性服务 …… 092

十一、商业管理收费…………………………………………………………092
第四节　商业街后期经营的关键要求……………………………………………093
　　一、从企业自己管理到管理外包的转变…………………………………093
　　二、由粗放型招商变成统筹规划…………………………………………093
　　三、由租售并举，变成纯物业经营…………………………………………093
　　四、在收益上由静态收益变成动态收益…………………………………094

# 第四章　步行街成功运营范例　095

　　范例1：郑州香江步行街推广策划……………………………………………096
　　范例2：花垣·边城步行街整合推广策略方案（节选）……………………104
　　范例3：深圳东门商业步行街区的运营管理………………………………107
　　范例4：广州上下九步行街围绕岭南饮食文化成功经营…………………110
　　范例5：社区商业街的运营管理……………………………………………114
　　范例6：某商业街区发展夜间经济的实施方案……………………………118
　　范例7：某商业街商铺经营管理服务………………………………………120

# 第五章　商业街物业管理整体策划　123

第一节　商业街物业管理服务的特殊性…………………………………………124
　　一、商业街物业使用人的多样性、复杂性…………………………………124
　　二、物业使用人的群体性和高智商化………………………………………125
　　三、营业的不可间断性与公众性……………………………………………125
　　四、管理区域具有非封闭性…………………………………………………125
　　五、顾客流量大，管理点分散………………………………………………125
　　六、人性化管理要求…………………………………………………………125
第二节　商业街区的物业管理职能………………………………………………126

一、建筑物与装修的维护…………………………………………………… 126

　　二、商业街区配套设施、设备的维护……………………………………… 126

　　三、商业街区物业消防与安全的管理……………………………………… 127

　　四、环境清洁卫生管理……………………………………………………… 127

　　五、车辆及交通的管理……………………………………………………… 127

　　延伸阅读：《商业街管理技术规范》（节选）…………………………… 128

第三节　商业街物业管理整体策划案例展示…………………………………… 130

　　范例1：个旧市坤保大桥商业步行街物业管理操作思路………………… 130

　　范例2：深圳台湾美食街综合管理方案…………………………………… 134

## 第六章　商业街物业管理运作案例展示 143

　　范例1：桂林西城路商业步行街物业管理服务方案（节略）…………… 144

　　范例2：重庆大正物业江北商圈商业街物业套嵌项目运行方案（节略）… 148

　　范例3：某步行街商铺物业管理方案……………………………………… 165

　　范例4：杭州农副物流中心逸盛路商业街管理制度……………………… 172

　　范例5：某酒吧街外摆优化管理方案……………………………………… 177

## 附　录 179

　　附件一：中华人民共和国国内贸易行业标准《商业街管理技术规范》… 180

　　附件二：《深圳市东门商业步行街区管理暂行规定》…………………… 184

　　附件三：《华强北商业街区管理暂行规定》……………………………… 187

　　附件四：《天津市特色商业街区管理办法》……………………………… 189

　　附件五：《杭州市商业特色街区管理暂行办法》………………………… 191

　　附件六：《杭州市贸易局〈杭州市商业特色街区管理暂行办法〉
　　　　　　立法后评估报告》………………………………………………… 196

# 第一章

# 商业街及其发展沿革

第一节　商业街的定位与特征
第二节　商业街的历史沿革
第三节　商业街的分类

商业街运营与管理的策划运作

# 第一节　商业街的定位与特征

## 一、商业街的概念

根据中国城市商业网点建设管理联合会步行商业街工作委员会起草的中华人民共和国国内贸易行业标准《商业街管理技术规范》SB\T 10517—2009，商业街（commercial street）是指能够满足人们商业的综合性、专业性和社会性需要，由多数量的商业及服务设施按规律组成，以带状街道建筑形态为主体呈网状辐射，统一管理并具有一定规模的区域性商业集群。

## 二、商业街的特点

不同的商业街具备着不同的特点，但是也有共性。概括而言，商业街常具备如下五个特点：

### 1. 环境优美

商业街的购物环境优雅、整洁、明亮、舒适、协调、有序，是一种精神陶冶、美的展现和享受，突出体现购物、休闲、交往和旅游等基本功能。

### 2. 功能齐全

现代商业街至少应具有购物、餐饮、休闲、娱乐、体育、文化、旅游、金融、电信、会展、医疗、服务、修理、交通14项功能和50～60个业种，现代商业街要力争做到"没有买不到的商品，没有办不成的事"，最大限度地满足广大消费者的各种需求。

从更广的意义看，商业街应具有以下四方面功能：（1）交易功能：商业街是商品交易的场所。（2）环境功能：两层含义，一是商业内部的环境，二是商业街作为城市环境的组成部分。（3）享受功能：商业街已不仅仅是购物的场所，也是休闲、娱乐的场所。（4）展示功能：商业街是城市的窗口，同时也是展示各类商品的理想场所。

### 3. 分工细化

分工细、专业化程度高，是现代商业街的重要特色，现代消费已从社会消费、家庭消费向个性化消费转变，要求经营专业化、品种细分化，商业街除了少数几个具有各自特色的百货店以外，其余都由专门店、专业店组成。

### 4. 商品多样

现代商业街是商品品种的荟萃，如北京西单、王府井和上海南京路，作为国际大都市的商业街，不仅要做到"买全国、卖全国"，而且要有比较齐全的国际品牌，既是中国品牌的窗口，又是国际名牌的展台，把民族化与国际化有机地结合起来。

### 5. 服务优质

服务优是商业街的优势和特点，除了每一个企业塑造、培育和维护自己的服务品牌，推进特色经营外，要突出商业街服务的整体性、系统性和公用性，提高整体素质、维护整体形象、塑造整体品牌。

## 三、商业街的风格

商业街的风格是指商业街的整体格调和整体形象。它是通过自身的一系列活动和较长时间的运作，给社会留下知名度、印象度和美誉度。

世界上任何一个城市的发展都具有自身的独特性，长年日积月累起来就构成了城市的个性，这是一个城市的灵魂所在。商业街的建设必须注意保护和继承城市所拥有的历史、人文和文化传统，以便其成为城市整体建设的一个组成部分，与城市风格浑然一体。商业街的形成，都具有一定的历史缘由和大众逐渐认可的过程，规划建设中应尽量避免使用推倒重建的方法，否则商气会大损。在改造建设过程中，商业街的古老历史文化遗址要有机地融入新的规划，使传统与现代相得益彰。

### 1. 商业街要保持统一的建设风格

外部的整体协调性是商业街建筑风格的首要特征。商业街是在一定的城市地理区域上发展起来的，因此商业街的商业设施建筑风格要与该地理区域的历史人义景观、地形地貌相协调，才能凸显街区的个性化，与周边环境有机协调。

内部的整体和谐性是商业街建筑风格的另一特征。商业街内的新旧商业设施应当和谐共存，商业街传统留存下来的商业建筑设施要保护与开发相结合，保留其历史建筑风貌，在继承中发展。新建的商业设施要选用节能、环保的新技术，新材料。与原有设施和谐，与周边环境协调，形成与地理区域自然融合的、和谐的商业建筑风格。

每个城市都有反映当地商业和民俗文化特质的地区，由于浓厚的历史文化积淀，使得这些地方有着极强的集客能力，自古以来就是商流、人流和物流聚集的地方。不仅本地居民经常光顾，也是外地游客的必到之地。因此，拥有深厚文化内涵的商业街的辐射能力会比较大。人文历史是商业街传承和创新的核心要素，也是商业街定位的基础之一。

比如，哈尔滨的中央大街，是以俄式建筑风格最为招眼的综合型商业街。这就是它的基本建筑风格。南京夫子庙，是以青砖、桶瓦、歇梁、飞檐为建筑特色的商业街，站在"天下文枢坊"前，从明末清初的建筑风格，可透视到南京十朝旧都的商业文化。北京大栅栏商业街建筑群中，明清时代中国民族资产阶级和洋务活动的混合商业文化，表现得淋漓尽致。现在的北京王府井商业街，在建筑风格和装饰风格上却矛盾显现，既有以新东方商业设施、香港美食城、王府饭店为代表的中式建筑物，又有以东方广场、丹耀大厦、工艺美术大厦为代表的西式建筑群体；既有穆斯林大厦的伊斯兰建筑风格，又有台湾饭店、好友商场、利生体育用品商店等风格不一的商业建筑设施。

### 2. 商业街要突出个性管理风格

北京西单商业街，自1981年西单商场提出"中档品牌、大众服务"的经营方针后，商业街的主管部门，强化为市民服务的意识，已逐渐形成"平民消费"模式的完整管理理念系统。1996年6月1日、8日、15日对北京市城区三大商业街进行调查的结果表明，到西单商业街购物的客流总量中，北京市地方人口占74%，而市外人口占26%。从而可看出，西单商业街"平民消费"定位理念的科学性。北京秀水服装一条街，突出为欧洲人服务的个性理念特征，在此从事交易的客人，87%来自东欧，11%来自中东，2%来自世界各地。这条街的管理委员会制定一整套带有理念特色的管理和服务条款，是北京专业性商业街中经久不衰的特色商业街。

# 第一章 商业街及其发展沿革

# 第二节 商业街的历史沿革

## 一、商业街的发展过程

商业步行街发源于中国。唐代时期,长安就有著名的商业街:东市和西市。到了宋代,清明上河图所绘的就是典型的商业街图。到了近代和现代,我国商业街发展落后于美国、法国等西方国家。在亚洲地区我国最繁华的商业街区与日本东京银座等商业街相比也具有较大差距,主要表现在综合功能的差异,特别是艺术氛围不够浓郁。

## 二、全球商业街的发展阶段

从全球来看,商业街发展大体分为七个时期。第一个时期就是集市贸易;第二个时期这些摊贩慢慢地开始进店,形成店铺格局,在道路两侧形成不同数量和不同规模的店铺;第三个时期,随着商业街的发展,有些地方形成小的商业中心;第四个时期,大型商业街的出现;第五个时期,规范化的商场和超市业态加入到流通领域以后,实际上就给商业街的结构增添了骨干力量;第六个时期是20世纪60年代,商业街由于中产阶级搬到郊区居住而进入低谷时期;第七个时期,商业步行街增加shopping mall购物中心,购物、文化娱乐、休闲、展示等呈现一体化趋势,商业步行街开始在各国获得大发展。

### 拓展阅读:国外十大最有魅力步行街

第一名:美国纽约第五大道(FIFTHAVENUE)
关键词:时尚大气
地理位置:美国纽约曼哈顿

历史:1907年成立了第五大街协会。地产所有者、经济承租人和零售商在一年间大约集资了180万元来提供商业区需要和政府服务的空项。协会雇用了相当于城市警力5倍的社区安全员来保障治安。第61街附近的PIERRE酒店和第59街上的PLAZA酒店都位于中央公园周边。面向南方,有TIFFANY、GUCCI这样的名店。这些经典名店之间还有PULITZER喷泉、ROCKEFELLER中心和圣PATRCK'S大教堂。

图1-1 美国纽约第五大道

第二名：法国巴黎香榭丽舍大街（CHAMPS-ELYSEES）

关键词：文化情调 · 金碧辉煌

香榭丽舍大道（法语:Avenue des Champs – Elysées），位于巴黎市中心商业繁华区，其法文是 AVENUE DES CHAMPS ELYSEES，意为"极乐世界"或"乐土"。香榭丽舍大道横贯巴黎东西主干道，全长1800m，最宽处约120m，为双向八车道，东起协和广场，西至戴高乐广场（又称星形广场）。东段以自然风光为主；两侧是平坦的英氏草坪，恬静安宁；西段是高级商业区，世界一流品牌、服装店、香水店都集中在这里，火树银花、雍容华贵。因此，这里被称为"世界上美丽的大街"。每年7月14日的法国国庆大阅兵都在这条大道上举行。香榭丽舍大街是巴黎之魂，是商家云集之地。每天在香榭丽舍大街上往来者不下10万之众。

图1-2 法国巴黎香榭丽舍大街

第三名：英国伦敦牛津街（Oxfordstreet）

关键词：古典优雅

牛津街是英国首要的购物街，每年吸引来自全球的3000万游客到此观光购物。它是伦

# 第一章　商业街及其发展沿革

敦西区购物的中心，长1.25英里的街道上云集超过300家的世界大型商场。从罗马时代直到17世纪，牛津街主要作为从伦敦西城之外到牛津地区的线路而存在的。18世纪末期，大片建筑物的兴建，南部高斯弯那、北部波特曼的兴建使得牛津街初具现在的规模。一流的购物中心在20世纪开始起步，同时也伴随着一些小店铺的开业。牛津街享有遍及全球的声誉，它不仅吸引了英国其他地方的游客，也吸引了大量的海外游客。每年络绎不绝的外国游客来这里参观购物，他们在这里的消费占牛津街全部收入的20%。如同零售一样，这条街也是千万人的工作场所。

**图1-3　英国伦敦牛津街**

**第四名：** 日本东京都新宿大街（ShinjukuOdoriShoppingStreet）

**关键词：** 魅力活力

新宿购物街位于东京的中心新宿。新宿的历史起源于"Oiwake"，意思指的就是五条公路中的考梳大街（KoshuKaidoAvenue）。1601年，爱都少干内特（Edoshogunate）修建了5条公路，并沿考梳公路（5条公路的1条）建起了33个通邮的市镇。新和宿分别代表新的和通邮的市镇。新宿车站是公共路线和私家铁路的重点站。它平均每天控制着360万旅客的出行，比日本国内其他任何一个城市的流量都要大。日本东京铁路大厦的总办公室和一个大型的购物中心都坐落在车站的南部。而繁忙的娱乐区,Kabudicho则位于车站北边。新宿购物街促进组织包括120家商店，从车站前的广场开始算起，它们都位于900m长的新宿大街街道两边。它们全都是著名的商店，有大型的购物中心（Lsetan,Mitsudoshi,和Marui）、书店（Kinokuniya）、食品杂货店和饭馆（Nakamuraya 和 Takano），以及一家美术用品商店（Sekaido）。以男装、女装、鞋、手袋划分的商店也在这条大街上。目前，杂货店和计算机房集中在这一区，年轻人喜欢围在Alta大厦的电视演播室前观看娱乐节目。这一地区已经成为日本最大的商业区。

图1-4 日本东京都新宿大街

第五名：韩国首尔市明洞大街（Myeong-dongcommercialarea）

关键词：和平融合

明洞商业街，面积0.44km$^2$，常住人口5000人，1天的流动人口超过200万人，每年400万人以上的外国观光客来此，2000年3月被政府指定为观光特区。明洞实际上就是一段街道，长约1.5km，街道两旁布满了百货公司、商场、餐厅、酒店、戏院。另外还有一批超现代大型购物广场和商场、观光酒店、金融机构。乐天百货公司、新世界百货公司等主要大商场的总部设在此地，形成了一个大型购物休闲娱乐区。明洞商业街很好地保存着中国大使馆、明洞圣堂等韩国文物级建筑物，同时也拥有超现代式大型购物广场、观光酒店、100多家金融机构、数千家服装及服饰专卖店。

图1-5 韩国首尔市明洞大街

## 第一章 商业街及其发展沿革

第六名：新加坡乌节路（OrdRoad）

关键词：浪漫

乌节路位于新加坡的中心位置，在中心商业区上方。乌节路以前的终结点是 DHOBYGHAUT 地区，现在它的范围已从唐林路一直延伸到 BRAASAH 路。它的名字来自于 19 世纪 40 年代沿街道种植的肉豆蔻和辣椒。

在 20 世纪，经济开始在乌节路发展。这也标志着乌节路开始向今天这个生机勃勃的经济区发展进步。20 世纪 50 年代，CKTANG 在乌节路建立了一家购物中心。从 20 世纪 60 年代到 70 年代，LIDO 电影院、乌节戏院、来福村和杰克保龄等娱乐中心相继开放。20 世纪 70 到 80 年代，大型的远东和中心点购物中心建成，从而增强和补充新加坡商业中心的发展。精彩的庆祝活动和节日是许多庆祝饮食、购物、文化、音乐和艺术活动的开始。同时不计其数的爵士俱乐部、迪斯科舞厅和露天啤酒花园无休止的音乐也使乌节路成为今天折中主义者聚集的场所。

图 1-6　新加坡乌节路

第七名：德国柏林库达姆（KU—Damm）大街

关键词：协调平衡

这里是后来威廉姆大帝（KAISERWILHELM）纪念堂的所在地。人们把这条大街昵称为"库达姆"。绿树成行的街道通往西部，直达瀚蓝斯湖（HALENSEE）。19 世纪 80 年代到 90 年代，沿西南方向盖起了很多富丽堂皇的住宅。大街很快发展成为一个重要的购物大道，并且伴随着很多的艺术咖啡屋、剧场、戏院和电影院。它的吸引力集中体现了繁荣的 20 年代充满活力的文化生活。

第二次世界大战以后，这一区域的功能是作为被分开的西半部城市的商业区，继续扮演它作为娱乐和商业中心的角色。这样它也成为 20 世纪 50 年代德国经济奇迹的有力佐证。经过查洛特伯格（CHARLOTTENBURG）和威莫斯道夫（WIMERSDORF）区的库弗斯坦达姆持久的吸引力要归功于街边的特色风景，那就是购物、办公以及居住空间依然保持着的协调与平衡。

图1-7　德国柏林库达姆

**第八名：奥地利维也纳克恩顿大街（themostfamouspedestrianzone）**

**关键词：建筑音乐**

维也纳最著名的步行区，坐落在该市第一行政区，位于市中心。由于它的形状很特殊，像个U字，在维也纳又拥有独一无二的地理位置，所以也被称为金色的U字。拥有53400$m^2$购物面积的该步行区，是奥地利经济增长最快的商业区。而拥有年销售额40亿元的这条商业街，也是奥地利其他城市所没有的。

在砍特大街的入口处坐落着世界最著名的歌剧院维也纳国家歌剧院，中央地带则坐落着维也纳最重要的主教教堂史蒂芬教堂。步行区的终点是米夏埃尔广场和米夏埃尔门。从米夏埃尔门可以通向维也纳胡浮堡皇宫。

图1-8　奥地利维也纳克恩顿大街

**第九名：俄罗斯莫斯科市阿尔巴特大街（Arbat-street）**

**关键词：悠久历史**

阿尔巴特（Arbat Street）是莫斯科市中心的一条著名步行街，紧邻莫斯科河，是莫斯科的象征之一。阿尔巴特街几乎与莫斯科城有着同样的历史。在这方砖铺成，只八九百米长、十来米宽的狭小短促街道上，既能看到最传统、最古朴的东西，也能看到最现代、最时

## 第一章 商业街及其发展沿革

尚的玩意儿。街道两侧,那些古色古香的老店,卖传统工艺的特色店铺,像古董一样陈列着,杂然相间的,却是非常时尚的咖啡店、服装店、精致的礼品店。正是因为这浓郁非常的俄罗斯风情,才赢得了俄罗斯人称之为"莫斯科的精灵"的赞誉,方令得阿尔巴特街能与纽约的第五大道齐名。

阿尔巴特街的名声,还因为现代俄罗斯作家阿纳托利·纳乌莫维奇·雷巴科夫的一部小说《阿尔巴特街的儿女们》而盛名。著名诗人普希金从1830年起居住在这条大街上,普希金故居就坐落在阿尔巴特街53号,那淡绿色的楼墙格外引人注目。故居对面街边绿树簇拥的普希金与新婚妻子的铜雕像前,挤满了瞻仰的人群。

阿尔巴特街有"新"、"旧"之分。老阿尔巴特是一条民俗步行街,新阿尔巴特则是现代商业街。新阿尔巴特街既有百货商场,也有服装、家电的专营店。这些刚刚装修过的店堂宽敞明亮,陈设与北京的大商场相似。老街比新街热闹,两边除了经营俄罗斯工艺品的商店,就是酒吧和餐馆。酒吧和餐馆都在露天摆放着许多餐椅,让游客一边品酒,一边观赏街景。路两边是一个个画摊,有推销油画的,有热情邀请行人当场画一幅肖像或漫画像的,揽到生意的画摊旁总是围着好奇的游人。路中央是一个接一个的工艺品摊位,摆满了套娃、刻有俄式教堂的水晶摆件和俄罗斯风格的大方巾,摊主甚至能用简单的中文来兜售商品。路边不时会有几个青年人抱着吉他弹唱,在自娱自乐的同时又赚够了零花钱。

图1-9 俄罗斯莫斯科市阿尔巴特大街

第十名：加拿大蒙特利尔地下城（Montreal'sundergroundcity）

关键词：综合地下

蒙利特利尔因为它每年4到5个月的冬季而闻名。由于有了地下城，商业区已经扩展了一年12个月中的商业和社会文化活动。这个长方形的，大约12km$^2$的区域恰恰被卡在两个重要的地理景观中间。北面是皇家山脉（MONT-ROYAL），南面是圣劳伦斯河。

提到地下城，就不能不提到蒙特利尔的地铁和它独一无二的特点。首先，地下铁路系统普遍位于地下10到15英尺，周围布满岩石。那些位于周边建筑物地下一、二层的中层空间用来作为过道或者行人自由活动区域，穿越邻近建筑物的地下层就可以进入车站。10个地铁站和两条地铁线与3万m的地下通道、室内公共广场、大型商业中心相连接。地下之城实际上就是另外一个蒙特利尔。为了避免上面的恶劣天气，每天有50万人进入到相互连接的60座大厦中，也就是进入到超过360万m$^2$的空间中，其中包括了占全部办公区域80%和相当于城市商业区总面积35%的商业空间。

图1-10　加拿大蒙特利尔地下城

# 三、中国商业街形成发展的阶段划分

我国商业街的形成与发展一般要经过七个时期：

（1）自发形成的集市时期，其特点是以摆摊为主。

（2）商铺林立的街坊时期，其特点是开始进店经营。

（3）繁华热闹的区域商业中心时期，其特点是商家密度开始增大，临街商业网点面积已达到50%以上。

（4）大型商业街的形成时期，其特点是高楼开始增多，一般在六层以下。

（5）大型百货商场及超市的形成时期，其特点是作为商业街必须要有一家或数家大型百货业态的商场，代表一定的主导作用，而更多的则是各类专业店、精品店等。

（6）城市拆迁改造，部分商业街没落，新的商业街崛起。

第一章　商业街及其发展沿革

（7）市场的调整、商场的变革，使老商业街获得新生又重放异彩。

## 拓展阅读：全国知名步行街

### 1. 深圳东门步行街

提起深圳的步行街，首先不得不说东门。连接深港两地的东门，早已成为年轻人心中时尚与潮流的代名词。最IN的音乐、电影、首饰、服装、鞋帽、日用品、电子用品，均可一网打尽。如此时尚的地方，却是深圳的根所在。东门老街成形于明代中期，成墟于清康熙年间，一直都是深圳的商业重地。

### 2. 上海南京路

很多人是从"南京路上好八连"知道南京路的。有"中华商业第一街"之誉的上海南京路，东起外滩，西至静安寺，全长5.5km，两侧云集着约六百多家商店，自古就有"十里洋场"之称。"南京东路步行街"四年前开街，整条步行街一期工程全长1033m。目前，步行街的日客流量突破300万人次，居世界商街客流前列。放眼望去，步行街上，彩色的铺路砖石、统一的路心售货亭、各类时尚流行商店、可爱的观光小火车以及设计别致的城市雕塑，加上熙熙攘攘的人群，简直是热闹非凡。步行街地面由淡红色石块铺成，干净清爽，不必担心滑倒，也不会踩到脏物，还有导盲道。路中间有各式花坛、绿化带，花坛中设有大理石凳椅，供行人休息。街上的观光车由一节节小巧玲珑的车厢组成，车厢上画满了精美的图案，每节车厢的图案色彩各不相同。

### 3. 北京王府井步行街

北京王府井步行街是具有数百年悠久历史的著名商业区，在北京享有金街的美誉。王府井的历史可以追溯到13世纪60年代，距今已有七百多年了。王府井大街的南口紧邻着名的长安街，由南向北全长810m，是北京早年间唯一一条步行商业街，在大街两侧分布着765家大大小小的商店，王府井步行街平均每天的客流量约60万人/日，节假日超过120万人。40m宽的大街上布满了各种鲜花，在这里，每隔几米就会有供游客休息的长椅，为了方便顾客，大街上还设有免费的购物手推车。王府井周边的交通十分方便，购物的朋友可以乘坐一号线地铁到王府井站下车。

### 4. 天津鼓楼步行街

2002年开发建成的鼓楼步行街位于天津老城中心，集旅游、文化、购物、休闲于一体的大型商贸旅游区。这里以清朝建筑风格为主，在传统十字街旧城商业中心的基础上，以鼓楼为中心，向东西、南北向延伸，采取左右对称长街式建筑模式，雕梁彩绘，青砖青瓦对缝，街内建牌楼、穿街戏楼及各式具有浓郁明清建筑风格的店铺。以鼓楼为制高点，向北为鼓楼北街,主要经营珠宝、古玩、陶瓷、图书音像等。如泥人张、风筝魏、花艺阁、天香珠宝等都设有专营店;向南为鼓楼南街,主要以津门老字号民俗特色商品、餐饮、娱乐为主的风情街。像老美华、盛锡福等老店及果仁张、桂发祥麻花、狗不理包子等南北特色餐饮汇聚于此,因此,南街又称为"唐人街";向东为鼓楼东街,经营服装、眼镜、快餐的一条街。另外,东街上的"旅游超市"汇集了天津几十家有实力的旅行社,为旅游者提供了快捷的一条龙服务。商业街建筑一般为2~3层,高低错落,体形大小有致,平面凹凸有序,既有浓郁的历史文化底蕴,又融入现代商业意识,具备现代商业设施的功能。它已成为天津一个崭新的文化商业旅游中心。

### 5. 武汉江汉路步行街

江汉路是武汉市最著名的商业街,也是全国著名的商业步行街之一。2000年2月底,武汉市政府决定将江汉路改建为步行街,将这条百年商业老街改造成一条集精品购物、休闲旅游于一体的新型商业步行街。步行街于2000年9月22日正式开街。现在成为汉口最繁华的区域之一。

扼守江汉路的就是江汉关,即现在的武汉海关大楼。它凝重庄严,那曾随风飘荡半世纪之久的顶楼钟声如今依然萦绕在耳边。同时,美景如织的步行街上还坐落着数家省直金融机构,如中国银行、中国工商银行、民生银行。另外,还有湖北省金银首饰公司、璇宫饭店、中心百货大楼、湖北省钱币公司、湖北省交通厅、正信大厦、钻石大厦、港澳中心等都位列步行街两旁。

### 6. 广州上下九路和北京路步行街

广州上下九路步行街是广州市的上九路、下九路、第十甫路步行街的合称,为著名的"西关商廊"。在1995年9月正式成为商业步行街。后来改为全天开放。步行街起于第十甫路商店,全长1000m,拥有广州西关地区特色建筑骑楼238间,商铺300间。上下九是广州第一条步行街,也是旧城区最繁华的地段之一。后又经市政府修缮,沿街的骑楼焕然一新。坐落其中的著名商铺有:第十甫商店、陶陶居酒楼、趣香楼、莲香楼、新华书店、广州酒家。

广州北京路步行街旧称双门底,"民国"九年(1920年),广州拆城开路,此路取名为"永汉路",1966年更名为北京路。该路是广州古城发展的中心轴线,也是历史上最繁华的商业集散地,被誉为岭南名街。全长1500多m。现在日均人流量约35万人次,是广州市最繁华,集文化教育、娱乐、购物于一体的步行街。北起广卫路,南到沿江路。其范围包括附近的中山四路、中山五路、西湖路、教育路和禺山市场以及周边商业网点。

### 7. 西安骡马市商业步行街

2007年12月21日,西安市商贸重点建设项目——西安骡马市商业步行街正式开街迎客。骡马市商业步行街经过6年多的整体开发建设,总投资23亿元,建筑面积26万m²,主体分为北区、中区、南区、地下四个相对独立的消费区域，北区为大空间的百货商场，中区为演艺中心及民俗博物馆，南区为小空间的商业精品屋以及配套休闲、娱乐项目，地下部分以超市、餐饮和精品服饰专卖店为主，实现了街、场、店的有机结合。目前兴正元百货、沃尔玛超市、奥斯卡国际影城、真雪溜冰场、星巴克咖啡等主力店已陆续开业，焕然一新的骡马市商业步行街已成为西安钟楼商圈中心地带集购物、休闲、餐饮、娱乐、演艺、展示、商务、酒店、旅游为一体的大型现代化综合性商业步行街。

### 8. 重庆解放碑步行街

解放碑是重庆的标志建筑物之一，位于重庆市渝中区商业区中心部位，民族路、民权路、邹容路交汇的十字路口处。纪念碑高 27.5m，有旋梯可达顶端；碑顶设时钟、方向标志和风速风向仪。该碑最初兴建于 1940 年 3 月 12 日孙中山逝世纪念日，于 1941 年底落成，命名为"精神堡垒"，以激励中华民众奋力抗争取得胜利，抗战胜利后改名为"抗战胜利纪功碑"。1950 年由刘伯承改题"重庆人民解放纪念碑"。它曾经是中国西部面积最大的步行街，也是中国第一个大型商业步行街（目前被重庆江北观音桥步行街超过）。

# 第三节 商业街的分类

## 一、按商业街的等级分类

### 1. 中央商业街

中央商业街一词是大都市商业发展到一定程度的产物，西方国家比较早地采用了这种提法，如美国纽约的曼哈顿、日本东京的银座等均被冠之中央商业街的称号，但中央商业街的内涵究竟是什么，至今没有明确的、权威的界定。可以说，一个真正的中央商业街必须是这个城市的商务功能核心。从一般意义上讲，作为中央商业街要具备以下几个特征：第一，商业特别发达。这里所说的"商业"不能作为狭义的理解，而是泛指一个具有综合性功能的区域。它不仅涵盖了一般的零售业和服务业，并且包括金融、贸易、信息、展览、娱乐业、房地产、写字楼及配套的商业文化、市政、交通服务等设施，是一个大商业的概念。第二，有较高的社会知名度。像上海的南京路、北京的王府井、香港的中环、纽约的曼哈顿第七大道等都在区域经济活动中起着举足轻重的作用，甚至影响着世界经济的发展，其社会知名度要明显高于其他地区的商业中心。第三，中央商业街的功能要辐射整个城市而不是仅在某一地区或某一范围内发挥作用。换句话说，中央商业街应是一座城市的开放窗口，它是整个城市经济和商业发展的中枢，是南来北往的客流集散地，特别是搞商务活动的人都必须要前往的地方。第四，中央商业街应位于城市的黄金地段。地价和土地的利用率最高，交通极为便利，人流、车流量最大，建筑物高度集中，有现代化的市政、信息环境，对各地人群甚至是国际跨国公司都有巨大的吸引力。

### 2. 大型商业街

此类商业街地处大城市的几何中心或交通便捷处，街区长度为 1000～5000m，商业设施立面高度为 6 层以上，商店密度为 80%～100%。这种商业街所处的大城市人口为 100 万人以上，其商业区辐射人口为 300 万人，来此街的消费者主要是通过汽车、火车等工具而至，其目的为休闲性购物。此商业街的形态为平面圈状构造，设施构成为观赏、服务、饮食、商业等综合方式；行业以高档商店、高档餐馆、高级娱乐中心、高级服务设施为中心，行业数目为 300 个，核心营业点是高级时装店、大型游乐场所、各类专业服务店，贸易洽谈场所、汽车商店等。来此街的消费者是复合阶层人口和外来流动人口，购买的频率小，但数额巨大。此街给人以豪华、舒适、个性、新潮的感觉。这种商业街与城市主体交通网应融为一体，各种城市机制与此不应造成人为矛盾。

### 3. 地区商业街

此商业街地处中等城市中心区或大型城市副中心区，其城市人口规模为 30 万人，其商业区辐射人口为 100 万人，来此街的消费者主要是乘公共电汽车、地铁等交通工具。正常日客流量为 5 万人，来此街购物客流比例小于闲逛商店客流比例。地区商业街是历史上形成的城市中心区和城市区域中心的商业街步行街。它是城市名片，体现城市繁荣。此商业街构成形态为环状或圈状构造，商店数目众多，设施构成为商业、饮食、娱乐、社会多功能营业点，行业以日常购物的中档商店为中心，核心商店是百货、服装、五金交电等专营商店。来此街的主要顾客是社会集团及复合阶层人口，购物日频率较大。日本东京都神乐坂商业街是典型的地区型商业街，此商业街是东京都"山手线"轨道电车环线内富有日本特色的商业街，店铺总数为 248 家。

### 4. 邻里型商业街

此类商业街位置处于地方城镇几何中心，街区长度为 100～200m，商业设施立面高度为 1～2 层，商店密度为 50%～80%。这种商业街所处的城镇，自身人口为 3000 人，其商业区辐射人口为 10000 人。来此街消费者主要靠步行和骑自行车，其目的只是单纯的购物。由商业街构成形状为线状路线构造，商店数目为 50 家，设施构成为商业和风味小吃店，行业以生活日用品为中心，行业数目为 20 个，核心商店是副食品店或食品超级市场。来此街购物的主要顾客是家庭主妇或保姆，购买商品的数额小，但日频率高。此街给人的印象是随意、亲切和大众化。这种商业街只与交通网相连，但并非是客货流运动线上，因此，这种商业街方便了固定消费者而妨碍吸引流动顾客，其商业范围有限，盈利微薄。

## 二、按商业街的规模分类

商业街按不同规模来划分，可以为大型商业街、中型商业街和小型商业街。

### 1. 大型商业街

长度均在 1000m 的标准基础上进行有序分布。如上海的南京路和淮海路两大商业街，北京王府井大街和西单北大街两大商业街。目前全国最长的步行商业街是武汉的江汉路商业街，全长 1210m。

### 2. 中型商业街

如深圳华强北路商业街和北京 275m 长的大栅栏商业街。

### 3. 小型商业街

居民小区中所形成的社区、生活步行街是最为常见的小型商业街。它处于一个居民小区内，或者位于几个居民小区的结合部，可能是具有商业功能，也可能是纯粹为居民休闲、娱乐而设计的步行街。它是几种类型步行街中，与人们生活联系最紧密的一种类型。社区步行街的客户群是固定的，其规模要与社区人口数字相匹配。以个性特色商铺为主，为小区内居民创造悠闲雅致的消费环境，并设有休闲娱乐场所和设施，购物休闲娱乐一体化，使步行街成为整个小区的风景线。另外如一些社区的底商、写字楼的底商等也可以构成特色小街。

## 三、按商业街的功能分类

### 1. 综合商业街

现代商业街的功能从结构上来说一般是综合化的。过去以购物为主，现在则注重提供消费者所需要的综合服务。综合商业街对经营的商品不指定，经营者可以按照自己的设想去随意经营，如北京西单商业街、北京西城区的大都市街等。综合商业街的经营内容没有统一性、协调性，所以开发商/经营商对项目的市场宣传所能带给经营者的利益相对较少。除此因素以外，复合商业街的规划设计难度较高，开发商操作不当，就会发生因投资者、经营者不认同项目的规划设计方案而导致的项目失败，也会发生因项目市场成本太高，引起的竞争力降低的情况。复合商业街在国内成功的案例很多，但基本上都属于经过几十年市场长期锤炼的品牌化商业房地产综合形式。北京的王府井商业街、西单商业街、前门大栅栏商业街、上海南京路都属于典型的复合商业街形式，它们都经过了长期的市场培育，在国内已经成为耳熟能详的商业品牌。国内一些政府机构、投资商近年来试图通过运作，在大中城市打造复合商业街的形态，运作成功的概率比较小。

### 2. 专业商业街

专业商业街往往集中经营某一类（种）商品，如建材商业街、汽车配件商业街、酒吧街、休闲娱乐街等。专业商业街区是指专业商品街和服务性街区，名称往往能够体现商业街所在的地位和所经营的商品类型两大要素，有利于节俭商铺经营者的市场本钱，如北京三里屯酒吧街、北京南城马连道的茶业一条街、杨村的装潢布一条街、杭州的丝绸城、广东省番禺电器一条街、东莞市的金椅婚礼村——"中国第一个婚礼主题街区"，以及散落在各地的美食酒吧一条街等。专业商业街鉴于整个商业街商品的统一性特点，整个商业街的市场成本比较低，只要商业街的开发商/经营商对整个商业街恰当进行包装，那么所有的商铺就可以享受开发商统一市场宣传所带来的市场效果。另外，因为专业商业街经营商品的品种简单化特点，其规划设计的复杂程度较低，开发商不太容易发生因为商业街的规划设计不合理，最终对整个项目的运营发生负面影响的情况。

### 3. 特色商业街

适应消费者个性化、多样化与差异化的要求，商业街最有竞争力的还是"特色"。特色商业步行街具备三大特点：①突出专业商品特点，经营专业商品的店铺在特色商业街里能够占到50%；②突出民族和民俗特色；③具有休闲、风情特点。

特色商业街即是在商品结构、经营方式、管理模式等方面具有一定专业特色的商业街。分为两种类型：一是以专业店铺经营为特色。以经营某一大类商品为主，商品结构和服务体现规格品种齐全、专业性的特点，如文化街、电子一条街等。二是具有特定经营定位。经营的商品可以不是一类，但经营的商品和提供的服务可以满足特定目标消费群体的需要，如老年用品、女人用品、学生用品等。

在我国现阶段，特色街已经取得了长足的发展，在很多地方都形成了各种具有特色的商业街。上海市1999年首次命名衡山路休闲娱乐街、威海路汽车配件街、福州路文化街、雁荡路休闲街、上海老街等10条市级商业特色街，在中国形成比较大的冲击波。在北京则有隆福寺商业旅游文化街、华龙街餐饮娱乐一条街等。这些特色街，或汇集名人故居、酒吧餐馆，以观光休闲美食见长；或荟萃世界名品，以展示流行提高生活品位为特色，舒适的环境，专、特、精的经营方向，现代与传统交相呼应，散发出浓郁的城市型文化休闲气息。

## 四、按步行街的主题特色分类

依据多年的规划经验和研究，按照城市商业街的主题特色等的差异，将我国城市商业街分为传统商业街、文化特色街、旅游休闲街等类型。

### 1. 传统商业街

传统商业街是以传统商业为主要内容，通过提升环境，调整消费业态形成的综合性商业步行街，具有深沉的文化底蕴，作为旧城区的主要组成部分，往往具有庞杂的社会与经济构造，并作为城市传统文化的载体，反映了城市历史发展的脉络。其存在最重要的条件就是，在这条街上集中了一定数目的历史建筑，具有城市独特的传统物资空间环境。我国很多城市传统的商业街都是名声在外的百年老街，见证了历史的沧桑，留下了时代的烙印，最能体现城市的修建作风和历史文化积淀，如北京的王府井、上海的南京路、青岛的中山路、广州的上下九、天津的和平路、姑苏的观前街等。

### 2. 文化特色街

文化特色街是街区在形式上的进一步拓展和内涵上的进一步延长，是以原有的风貌、文化、民俗等为基础，以休闲消费为特色，体现城市文化特色，具有购物、餐饮、休闲、旅游等一种或多种功能特质的开放式街区，对城市经济社会发展和提高城市的宜居度、闻名度、美誉度具有重要意义。例如成都的锦里、重庆的洪崖洞等特色休闲步行街，杭州的清河坊历史文化街区、丝绸文化特色街等。

### 3. 旅游休闲街

旅游观光休闲街一般存在于有悠久的历史和文化底蕴的城市中，包括一些古城和古镇，如北京的琉璃厂、安徽省屯溪的老街、上海新天地等，或者是出于旅游目的专门修建的步行街，如：奥地利第二大城市萨尔茨堡的步行区、意大利的水城威尼斯、巴塞罗那著名的"兰波拉"大道等。这类步行街具有先天和独特的旅游、观光、休闲的功能，旅游观光休闲步行街应结合我们所在城市的历史资源打造。这一类步行街往往兼多种功能于一身，而为步行者提供一个宜人的休闲、娱乐环境，是这一类步行街的主旨。在这样的步行街中，人们往往可以充分感受到交往、娱乐的乐趣，购物不再是主题。

## 五、按步行街的建筑结构分类

### 1. 纯露天商业街

也叫开敞式商业街，其特点是街道空间开敞，街道路面设施齐全，街道宽度宜人。

### 2. 顶部遮盖商业街

有遮盖式商业街，采用拱廊等形式连接街道两侧建筑，形成不被自然气候条件影响的步行空间。比如上海新天地就采用了这样的方式。还有的是半遮式，街道两侧建筑采用柱廊、联拱廊等形式连成一体，形成室内外空间的过渡空间，它兼具开敞式和遮盖式商业街的优点。

### 3. 室内商业街

室内步行购物街通常是一个规模庞大的集购物、娱乐、消闲、观光于一体的室内建筑，并附以灯光、花草、树木、雕塑及其他使人赏心悦目、心旷神怡的舒适物。室内步行购物街通常提供以下场所和服务：零售业（包括百货商场和各种专业商店）、餐馆、酒吧、咖啡厅、电影院、剧院、商业俱乐部、儿童乐园及商务洽谈室等。室内商业步行街能够提供良好而舒适的小环境，使商业活动免受自然气候的影响，大型 Shopping Mall 和地下商业街都属于室内商业步行街的范畴。

室内商业步行街具有以下特殊效用：①室内步行街能够提供良好而舒适的小环境，使消费者不再受自然气候的困扰，随时享受舒适的消费过程。②在传统商业淡季，室内步行街对消费者具有强大吸引力。③室内步行街扩展了步行街的商业空间，在一定程度上满足步行街对体量的要求。

## 4. 地下商业街

如北京东安商场的地下"老北京一条街",地铁地下通道的商业街也属于这个范畴。

## 5. 社区生活步行街

这一类的步行街是小型商业街,往往并不是如同休闲步行街和商业步行街一样位于市中心,它处于一个居民小区内,或者位于几个居民小区的结合部,可能是具有商业功能,也可能是纯粹为居民休闲、娱乐而设计的步行街。因此,生活性步行街可以看作是商业步行街与休闲步行街的结合,是二者在人们日常生活中的浓缩,也是几种类型步行街中,与人们生活联系最紧密的一种类型。

社区步行街的客户群是固定的,其规模要与社区人口数字相匹配。以个性特色商铺为主,为小区内居民创造悠闲雅致的消费环境,并设有休闲娱乐场所和设施,购物休闲娱乐一体化,使步行街成为整个小区的风景线。

# 六、按商业街的营销方式分类

## 1. 一次性卖出型

商业街完成招商工作后将整个项目卖出。

## 2. 租赁经营

照顾中小投资者的需求,不卖出商铺产权,提供使用权租赁的管理方式。

## 3. 直接经营

商业街的管理公司直接引入产品,自行经营。

## 4. 混合经营模式

将以上三种模式按照一定比例混合经营。

# 七、按业主的经营行为分类

## 1. 投资经营

商铺业主购买商铺后自己直接经营。

## 2. 委托经营

商铺业主出于保险起见,将商铺委托商业管理公司出租,让别人经营。

## 3. 租赁经营

业主为规避风险或没有足够资金时,以租赁方式获取商铺的经营权。

# 拓展阅读:国内主题性商业步行街的文化特色展示

上海新天地(石库门)、上海绍兴路书画艺术街、北京琉璃厂文化商业街、天津古文化街、黄山柏树路商业步行街、安阳南大街、济南泉城路商业街、湘西凤凰商业步行街、杭州湖滨旅游商业步行街,都属于具有一定主题或经营某种专业性商品的商业步行街,如文房四宝类、图书典籍类、古董文物类;另一种为原有古迹特色(苏州观前街、上海豫园),应用原有名气和遗址名声再现当日繁华景象(如开封御街、北京琉璃厂、平遥南大街、广州上下九商业街、厦门中山路、广州文德路文化街、合肥淮河路文化商业步行街)。

一般说来,主题性或专业性商业步行街应从以下6个方面展示人文景观:

(1)历史性建筑(古建筑、近代中西合璧式建筑、长久以来为人们所认同的标志性建筑)是商业街历史文化展示的重要环节。非各级文保单位的历史性建筑,根据商业活动的特殊需要,可以采取仅保留外表,内部进行改造的方式,如天津劝业场、上海新天地(石库门保护)、哈尔滨中央大街等。

(2)保护一部分有特色的历史性建筑构件,重新镶嵌在新建筑的立面上,它不仅可改善新建筑的造型和丰富立面视觉元素,同时在精神层面上实现地标指示、唤起人们对历史的回忆、丰富人文景观的目标。上海新天地之所以成功,就在于它没有像一般房地产开发采取的一律推光的野蛮方式,而是认真地分析每幢房屋的文化价值与品味,包括对建筑构件的分析,从而保护了规划片区的全部珍品。

(3)根据历史性建筑遗存的比例,确定是否部分采用历史建筑符号,并确定可以采用符号的墙面比例。一般情况,历史建筑的符号镶嵌宜占墙面总面积的15%~30%。但要注意符号利用时,不应体量过大或超过原古建筑。泉州涂门街的新建民居,入口仿清真寺的大门,由于体量过大,对古建筑产生了一定负面影响。

(4)商业步行街区内古遗址的处理可以采用石碑、石雕纪念物形式予以展示、凭吊,湖北荆州沙市民国街的模拟纪念电杆(标示日本侵略军在此屠杀中国人)、上海嘉定区城商业街的屠城纪念碑、邯郸商业街预留的回车巷(将相和故事),都起到了标示历史、警示后人的作用。

# 第一章 商业街及其发展沿革

（5）注重细节的描述。屋顶、门窗、腰线、扶壁柱、特种构件的线角、地面铺装（如哈尔滨中央大街的街头竖立石基、石柱长达1.2m，是国内唯一一条俄式铺地方式的商业步行街）、灯具、墙面装饰等。精巧的细部常给人以深刻的印象，天津和平路的细部由于经费的限制而采用玻璃钢仿欧风构件，损害较快，加之做工粗糙，看起来就不如五大道那般耐人寻味。

（6）文化展示的场景式辅助方式。目前国内采用的场景雕塑对商业步行街的文化起到了很好的提升作用，如上海多伦路的名人雕塑群、天津劝业场的马车铜雕等。

商业步行街的设计是城市建设中最重要的设计，它要解决好功能分区、人流物流的区划、管线综合、建筑艺术风格、广告分布、休闲设施分布、雕塑与小品的主题、树种与花卉布局等一系列的问题，是最能反映建筑师文化功力、艺术修养的综合性极强的建筑创作任务。商业建筑为城市所作的贡献突出表现在文化价值的提升、城市风貌特色的加强、建筑个性的导引等方面，而这三个方面的任务几乎都与人文景观的保护、发掘、再创造相关联。因此，从事城市商业步行街的设计必须在充分理解城市文化内涵的基础上，认真研究基地场所特征，保护好固有的人文景观，并发掘城市特色的展示方式，从而达到一个新文化高度。

## 拓展阅读：日本的地下商业街

在日本，各大城市及某些中等城市都有地下商业街。1930年，日本东京上野火车站地下步行通道两侧开设商业柜台形成了"地下街之端"。日本第一条、也是世界上第一条地下商业街是1957年建成的大阪唯波地下街。地下商业街在地下很大范围内建成宽阔的街道，街道两旁商店林立，和地面上的街道完全一样。地下街有充足的光源，光线柔和，有充足新鲜的空气，适宜的湿度和温度，比地面上更舒适，没有地上街道的车辆、噪声和灰尘。

至今，地下街已从单纯的商业性演变为包括多种城市功能，包括交通、商业及其他设施共同组成的相互依存的地下综合体。1973年之后，由于火灾日本一度对地下街建设规定了若干限制措施，使得新开发的城市地下街数量有所减少，但单个地下街规模却越来越大，设计质量越来越高，抗灾能力越来越强，同时在立法、规划、设计、经营管理等方面已形成一套较健全的地下街开发利用体系。

1963年大阪建成梅田地下街，接着又建成当时全国最长的地下街——虹地下商业街。虹地下商业街总面积近4万 $m^2$，街顶距地面8m，长1000m，宽50m，高6m，内有4个广场、三四百家商店和许多餐馆、酒吧、咖啡店。商店出售各种商品，从日常生活用品到高级装饰品，从现代电器到名贵古董等，凡是地上有的地下大体俱全。地下商业街兼有商业中心、铁路中枢和游览胜地三大功能。地下商业街中道路纵横交错，曲折有致，路心有花圃，店前有树木，交汇处有群雕，拐角必有喷泉，甚至有小桥流水、飞泉瀑布等景致。巨型风景画在灯光烘托下，使人如临其境。在地下商业街，光电技术与建筑艺术的综合使用，使艺术与商业产生了完美的结合。

大阪长堀地下街是日本规模最大的一条地下街。从20世纪60年代起开始修建地铁，其地下有3条地铁横穿，开始地铁之间不相通，后来又修了一条地铁，将原先地铁通过的地铁站串连起来。地下一层为步行商业街，地下二至四层为停车场。大量的交通人流在此处汇集，形成各类商业消费需求。在步行街上还设置了8个广场，各具功能，使人们即使在地下也很快地识别和知道自己所处的方位，地下街的艺术造型处理体现出多样的、以人为本的人性化设计，在满足快速、舒适、便利、安全功能的同时，为市民提供宽敞、明亮、温馨、平和、卫生、美观的环境空间。

福冈天神商业区地下街街道宽度约40m，总占地面积约2.2公顷。两条南北向通道和12条东西向道路将地下街划分为11个街区。街区的东西两侧对称布置了32个出入口，平均每隔35m就有一个出入口连通地面，既方便了行人出入，又满足了防灾要求。同时地下街直接与周边的地下停车场（地下驻车场）相连接，停车换乘非常方便。地下街内各种设施齐全，设有银行、公厕、问讯处、母婴室、防灾中心等多种设施，为游客提供全面便捷的服务。

# 第二章

# 商业街的成功开发之道

第一节　商业街成功开发要素
第二节　商业街的广泛开发与存在问题
第三节　商业街规划开发实例

# 第一节　商业街成功开发要素

总体上讲商业步行街的成功开发，既要有商魂、商脉、商气，同时也要有商道，这样它才能拥有无限的商机。要坚持政府引导，市场运作。鼓励社会资本参与特色商业街区的建设与开发；鼓励开发商整体持有特色街区商业地产产权。具体而言，商业步行街的成功开发，要注意下述要素：

## 一、准确定位

商业街的定位是决定商业街生存与发展的前提条件。在当今各大中城市都在建商业街之际，根据规范商业街的量化标准、人文环境、地位比重和可塑性四点定位准则，应分析商业街单体，寻找一个城市商业街功能定位的规律，进而设计城市商业发展的总框架。作为步行商业街的定位，基于几个方面：

第一，本地区所在城市历史的渊源和资源。不能过分脱离自身的历史渊源。

第二，商业街要根据城市的基本职能和城市功能，确定自己的定位，北京作为全国的政治中心和文化教育中心是举世著名的历史文化名城，前门大栅栏商业街正是这座有深厚文化底蕴国际大都市的缩影。大栅栏商业街一是业态齐全、商品种类繁多；二是老字号店多、带有浓厚的历史文化色彩；三是光顾的客流特殊，购物者多以购物、休闲、观光、娱乐为一体的复合型为主。故此，大栅栏商业街定位在"商业、文化、旅游"一体化上。

第三，商业街要根据城市或城市的不同区域，及近期和中远期经济发展的趋势，确定自己的定位。上海市 1999 年已被美国《未来杂志》预测为 2015 年世界十大超级经济发展城市之一。由此确立"现代化、国际化、年轻化"的商业街地位，是恰如其分的。

第四，自己所处的商圈状况。这个定位既要遵循、依托自身所在区域的商圈情况，也要适当扩大辐射半径，如果定位准确，在招商的过程中辐射的半径就有可能很广，日后经营的范围中销售的范围也可能很广泛。

## 二、慎重选址

选址要求符合城市规划和商业网点规划要求。交通便利，辐射范围广，这是非常重要的。1998 年在天津滨江道《今晚报》有一篇文章叫《一条护栏，栏死了一个商场》，当时引起了广泛影响，最后政府拆除了道路中间的护栏，商场才又获得新生，所以交通对整个商业项目，特别是对步行商业街作用是非常重要的。一般而言，商业街应注意以下几点选址要求：

（1）商业街选址应符合本城市和地区的城市规划和商业网点规划要求。

（2）交通便利，辐射范围广。

（3）邻近道路可负担该区域车流量时，可设计为步行街。

（4）在商业街安全范围内不应有生产或存储易燃易爆危险物品的场所。

## 三、科学规划

我们知道，一个城市的商业开发是一个城市规划的重要组成部分，而商业街，特别是步行商业街的规划，又是一个城市商业规划的点睛之笔。步行街规划，应遵循"一街区一特色"的原则，因地制宜，明确各街区的定位、特色、规模和发展目标，促进特色商业街区健康、有序、协调发展。一条步行商业街在进行了整体的规划之后。在具体的一些产品形态方面的规划也显得非常重要。大家可能知道，有些商业步行街由于在前期产品的规划、设计阶段，没有注意或重视商业街开发规律，特别是一些商业以外的投资主体进入商业街开发领域，导致了房地产开发和商业运作严重脱节的情况，这样的例子非常多。在整个的商业街开发中，既有科学的规划设计，在以后的招商过程中，也有动态的调整过程，这要求在规划设计阶段做到弹性设计。

## 四、风貌完善

商业街风貌是商业街历史文化和商业气息的外在彰显，是商业街个性化特征的直观诠释，也是展现城市风貌的窗口。无论是来商业街游览的旅游者还是休憩消遣的当地市民，在短则几百米，长则几公里的街上漫步，时间花费短则2～3个小时，长则7～8个小时，不仅需要生理上的补给和"休养生息"，也需要精神上的调节与愉悦，因此现代商业街更要充分体现人本主义的设计思想，合理规划街区风貌。其构成要素具体包括商业设施、交通设施、公用设施、绿化设施、休息设施、卫生设施、信息设施、景观设施等。

（1）商业设施：商业设施包括牌楼、招牌、橱窗、灯光透亮、店面、灯箱等。商业设施一般兼具经济功能、展示功能和视觉功能，应当协调、有序、醒目、美观、优雅、整洁、明亮。

（2）交通设施：交通设施包括公共汽车站、停车场等。公共汽车站一般设置在商业街区的枢纽位置。停车场要方便车辆的进出，具有很好的通达性。

（3）公用设施：公用设施包括路灯、公厕等。路灯的照度一般在 50fx 以下，每隔 10～15m 设置一盏。公厕设置于休息场地附近，与绿化相结合。

（4）绿化设施：绿化设施包括行道树、花草坛等。行道树和花草坛要选择适宜树种栽植，并考虑与休息设施相配合。

（5）休息设施：休息设施包括休息椅、石凳、遮阳伞、雨棚等。休息椅、石凳要按不同场地考虑形式，围合布置方式，根据不同人群的需要设置直线式、直角式、多角式、圆式等。遮阳伞、雨棚要统一标准和尺寸，实现视觉上的美化效果。

（6）卫生设施：卫生设施包括饮水器、烟蒂桶、废物箱等。饮水器的功能性与装饰性结合，保证视觉净感。烟蒂桶、废物箱造型醒目，便于清除废物，与休息设施相配合。

（7）信息设施：信息设施包括电话亭、标志牌、导游图、报时钟等。电话亭选择人群聚集与滞留场所设置，色彩醒目，局部围合隔声，视线通透。标志牌符号含义清晰，醒目，美观。导游图设于出入口中心人群停留场所。报时钟功能与装饰相结合。

（8）景观设施：景观设施包括雕塑小品、喷泉、护栏、路面彩砖等。雕塑小品要考虑城市文脉及场所行为设计造型。路面彩砖表面光洁，防滑，色彩宜人。

## 五、有机链接

这个有机链接在商业街规划、设计、开发过程中，应该注意商业街和周边原有商业的链接。比如新建的商业街，要链接周边的商业圈。在街内也要形成有机的链接，不要割裂。在街的两侧，也要形成链接，不要形成单边的情况，包括一层、二层、三层，楼层之间的链接。在一条商业街整体规划设计中，相关的链接工作非常重要。

## 六、规模适度

商业街的建设规模应根据商业街顾客的商业需求确定合适的规模，以保证商业设施正常的利用空间，避免商业设施集聚过度，商业资源过剩和浪费为原则。目前虽然还没有关于商业街最佳经营面积的科学数据，但根据一般经验，20 万 $m^2$ 的商业面积可能是人们体力、心理所能承受的最高阈值。商业街的改造和建设必须考虑人们的体力和心理承受力。特别是在逛街、购物越来越具休闲性的今天，更不能把原本轻松的逛街变成"马拉松式"的运动。

商业街的规模可以从其长度、宽度及高度三方面关照。开发新的商业街要注意合适的长度、宽度和高度，在对历史悠久的老商业街进行改造时，加宽、增高、加长都要谨慎、适度。

## 第二章 商业街的成功开发之道

因为一条老商业街的长度，宽度及高度往往与其历史文脉密不可分。

商业街的有效长度与人的心理和生理因素有关，而且受到街道环境条件的影响。有研究表明，在遮蔽雨雪的环境中有魅力的街道长度为 750m，步行 10 分钟。完全人工条件下比较有魅力的长度可达 1500 m，步行 20 分钟。各国步行商业街由于条件不同，规模也不尽一致。以一般的步行商业街而言，长度在 300m 左右为宜，特大城市更长，以 600m 以内为最佳，从多数城市情况看，200 多 m 是适合的。从全国商业街建设看，存在求大求洋的现象，很多商业街从 1km 到 3km，甚至更长，步行商业街规模有无限扩大的趋势。很多的开发商，在开发商业街的时候，更多考虑规模效益，但是忽略了边际效益，按照经济学的边际效益理论，最佳规模产生最佳效益。

商业街的宽度要满足步行交通方便、舒适的要求，还要考虑商业街的空间形式，临街建筑的高度以及街道的环境设施情况。一般讲，人行走路线是"之"字形行走，很少有走到一端再回来。街过宽可能导致顾客疲劳，导致商机的丧失。目前世界各国商业街的宽度根据条件的不同而不尽一致，为适应人穿越、停驻、进出建筑设施的交通要求，街道宽度一般不小于 6m，但也不宜过宽，应该在十几、二十几米为宜，一些迷你型的更窄一些，否则人们往返于街的两侧将耗费很多体力。

一般商业街的建筑高度以一层到二层为宜，局部主力店铺可以三四层。楼层过高，行走不便。在步行街中出现更多的高楼大厦，大家很难驻足，甚至会产生高楼效应，使商业街整体空间产生压迫感。根据街道美学的原则，商业街的宽与高之比控制在 1 左右（0.5 ~ 2 之间）较为理想。

## 七、业态合理

商业街是将众多店铺及业态按一定结构比例规律排列的商业街道，是城市商业的缩影和精华，是一种多功能、多业种、多业态的商业集合体。现代商业街具有购物、餐饮、休闲、娱乐、体育、文化、旅游、金融、电信、会展、医疗、服务、修理、交通等多项功能和多个业种，商业街的店铺及业态组合就是构成其商业生态的载体。如何对商业街的业态业种进行合理的规划，是商业街规划和管理的一大课题。如果事先没有进行整体规划和合理引导，将难以形成商业街的主业和特色，很容易造成商品"千店一面，单调雷同"的局面，难以形成集聚效应和乘数效应，甚至相互造成负面的影响，降低整个商业街的档次。

根据商业街的等级和类型不同，所配备的业态和业种也相应有所不同。不同业态的配置要充分发挥不同类型经营者集聚所产生的乘数效应，避免同行过度竞争，满足顾客多样化、多层次的消费需求。对扩张过度的业态要适度控制，从而形成合理的业态结构，吸引更广泛的潜在顾客，扩大商业街区的辐射范围。

因此，商业街的业态力戒单一，一般而言，中心商业街业态应以百货店、专卖店、专业店为主，地区商业街应以便利店、超市为主，特色商业街则应以专卖店、专业店为主。各商业街在业种上应有零售业、餐饮业、休闲娱乐业、通信服务业等。在一条步行商业街中，一些非购物的功能要日益提高。这些功能的提高，有助于聚集人气，延长顾客在商业街停留的时间，最终还是扩大消费。中国目前商业街的发展，购物功能下降，餐饮、休闲、娱乐、旅游等功能上升已经是一个不争的事实，在建设和改造商业街过程中，有关部门要考虑降低购物的比例，使经营业态和服务业种更加合理。

## 八、景观独特

目前很多城市，包括一些商业设施中对景观的设计越来越重视。商业街能够把很好的景观设计出来，形成本地最亮丽的景观特色群，这可能会形成商业和旅游的最佳黄金结合点。商业街室外空间与气氛的形成，主要决定于建筑的空间形态和立面形式，但也取决于其他一些建筑元素的运用，比如室外餐饮座、凉亭等功能设施，花台、喷泉、雕塑等，灯具、指示牌、电话亭等器材，灯笼、古董、道具等装饰，铺地、面砖、栏杆等面材。这些元素是商业街与人发生亲密接触的界面。若想使这一界面更"友善"，就需要从景观、园林的角度深化商业街的设计。

## 九、以人为本

不同的商业街从发展过程中经历了几个阶段：第一个阶段单纯以购物为主；第二个阶段适当考虑了一些对人的关怀；第三个阶段注重以人为本的原则。现在一些发达国家，包括非常成功的商业街、步行街，更多的也体现了社会活动中心的功能。步行街规划应坚持以人为本，协调发展。坚持生态街区、人文街区建设理念，强化文化内涵挖掘和生态环境塑造，充分贴近民心、体现民情、满足民需、改善民生，为城乡居民、商家和游客创建安全、舒适、和谐、诚信的经营和消费环境。

## 十、控制结点

一条步行商业街就好像一首交响乐，时而高亢激昂，时而低沉有力。在商业街中通过设置主力店，一些活动和景观设计几个结点，最大限度地聚集人流。

## 十一、营造氛围

一条商业街的氛围也是非常重要的,有些商业街建设得像兵营一样,非常整齐,道路非常宽阔,大理石上去了客流下来了,不锈钢上去了效益下来了。商业街对商业氛围要求非常高。

## 十二、培育商魂

一条成功的商业街应该有一个魂,这个魂可能是历史上形成的生活资源,可能是文化品牌,也可能是特色服务。所以对一条商业街商魂的培育和树立是非常重要的。商业街要依托历史形成的文化底蕴、商业氛围,形成自己的商魂。要依托历史文化传承,突出产业特色、区域特色和文化特色等优势,强化特色商业街区独特性、差异性和不可复制性,建设个性鲜明、业态丰富、环境优美、商业繁荣的精品街区。

## 拓展阅读:商业步行街的规划设计应注意的要素

### 一、步行街设计的尺度把握应该以人为本

步行街的理想气氛应该是使用人觉得亲切、放松"平易近人",使人有愉悦的消费心情,而不是"以势压人"。购物行人所关注的纵向范围主要集中在建筑一层。对一层以上的范围几乎是"视而不见"。从人的行为模式来看,一般步行商业街的宽度宜在10~20m之间,超过20m宽的街道难有近人的尺度,行人很可能只关注街道一侧的店铺,不会在超20m宽的范围内"之"字前行。从建筑高度与街道比例来看,街宽宜在楼高的1/3~1/4。商业街的宽度也与商业规模有关,但不等于说街越长楼越高,街应该越宽。空间的舒适度也是必须考虑的。若宽于20m,"街"的感觉则可能被"广场"的感觉取代。

步行街的设计重点还应在首层外观的细部上,包括门窗的形式,骑楼雨罩的应用,台阶、踏步、扶手、栏杆、花盆、吊兰、灯具、浮雕、壁画、材质色彩与划分等。建筑师的设计深度不应仅仅停留在第一个层面上,缺少细部的设计无法满足购物行人对建筑的尺度要求,必然会空洞没有人情味。国外商业街经常被作为设计样板,这与国外商业街的小体量、小尺度的人性化设计分不开。国内的设计容易偏重于气派、豪华、厚重的形象和气势。商业街设计的尺度把握应该以人为本。

### 二、步行街的色彩设计应该把握风格的多元化

不同风格的建筑单元拼在一起使人联想起小镇风情。即便是同样设计的不同单元,也通过材质、颜色的变化,加强外观差异化。步行街的魅力就在于繁杂多样立面形态的共生。这

也是步行街与大型百货商厦的区别。自然形成的传统步行街的诱人之处在于其不同时期建造，风格迥异的铺面杂拼在一起，造成以极其的多元化而达到统一的繁华效果。新设计的步行街往往因人为的统一而流于单调乏味。为追求传统商业街的意境，设计师应有意识地放弃追求立面手法简单的统一，甚至应刻意创造多种风格的店铺共生的效果。

### 三、步行街面材的设计应该把握软化与精化

商业街建筑与其他建筑外观的重要不同是店家需要根据自身商业的性质特点，二次装修店铺外观。建筑的外观设计仅仅是一个基础平台。店家最起码需要安装招牌，有些连锁店还需要改为特定的颜色、样式。而招牌、广告、灯箱等室外饰物往往成为建筑外观中最惹眼的元素。为突出人情味，商业街表面构件上越来越多地应用了软性面材，例如篷布遮阳、竹木材料外装、悬挂的旗帜和其他织物招牌等饰件。这一趋势使得建筑立面设计更趋近装修装饰设计，也要求设计师不能停留在建筑框架的设计深度上，必须以装修的精度来做商业街立面设计。换句话说，商业街的外观设计已经很室内化。

### 四、步行街的设计应该把握非建筑元素

商业街室外空间与气氛的形成，主要决定于建筑的空间形态和立面形式，但也取决于其他一些建筑元素的运用，比如室外餐饮座、凉亭等功能设施，花台、喷泉、雕塑等，灯具、指示牌、电话亭等器材，灯笼、古董、道具等装饰，铺地、面砖、栏杆等面材。这些元素是商业街与人发生亲密接触的界面。若想使这一界面更"友善"，就需要从景观、园林的角度深化商业街的设计。总之，商业街的设计不应是简单满足规模、流量、流程等技术指标，也应重视它所给人的心理感受。而为达到一个舒适、活跃而有新意的视觉与空间效果，设计师必须考虑人的尺度，从装修装饰与景观设计的深度来要求商业街外观的设计成果。

# 第二节　商业街的广泛开发与存在问题

## 一、我国开发商业步行街渐成热潮

现在世界各国都很重视城市商业街的建设，特别是在国内，各省市开发建设商业街的

热潮不断高涨。在大规模城市建设的背景下，从南到北，几乎每个城市都在改建或新建商业街，商业街建设渐成热潮。一个直观的表现就是商业街的数量越来越多。据中国城市商业网点建设管理联合会不完全统计，到目前，全国以商业街、步行街命名的街达到1000余条。一方面，这些街的规模也越来越大，从最初的条状，发展到"丁"字形、"工"字形或"田"字形，商业辐射范围达到几十公里。功能也越来越完备，从最初以单纯的购物为主，发展到集购物、旅游、休闲、娱乐等为一体，单纯的商业中融入了文化、艺术、时尚等各种元素。另一方面，这些商业街的投资主体也从最初的政府，发展到政府和企业组合或是有实力的企业、有活力的民营资本的进入，投入的资金也越来越大。比如保定投入8亿元打造一条商业街，苏州投入5.6亿元改造一条步行街，杭州投入9条商业特色街建设的资金目前在10亿元以上。"商业街经济"已经呼之欲出。

分析当前各地商业街开发热的原因，大致有以下四点：

（1）政府的政绩工程原因，因商业街可以起到短期见效的效果。

（2）消费者的原因，因商业街不仅可以满足购物需求，还可以满足休闲娱乐需求。

（3）商家的原因，因商业街具有强大的吸引力、购买力，商家乐于在此投资。

（4）开发商的原因，因商业街的开发建设能给开发商带来丰厚的利润，因此有实力的房地产开发商已从住宅开发，转向社会综合需求的开发。

## 二、国内商业步行街发展存在的问题

值得引起注意的是，在一些中小城市所建设的步行街，具有很强的跟风性质，人们把它作为一种时尚、一种政绩进行追求，有街无市，缺少人气，成为一个比较严重的问题。

### 1. 盲目模仿

这类步行街多是政府进行所谓的城市运营，照搬照抄大城市的作法建成的。这种决策很少是建立在以市场为导向研究基础上的。在大城市中兴旺的项目在中小城市并不一定旺，这是一个基本的事实。这同城市本身的核心竞争力和品牌有很大的关系。

步行街建设在北京、上海、广州这样的大都市圈里兴旺又发达，根本的原因不在于步行这一概念，而在于本身城市商业的强大辐射能力。也就是说，其目标人群是全国乃至全世界。但是中小城市就缺乏这种天生丽质。它的目标人群往往只是在本地、本市。而本地市场由于第三产业严重同质化和商业物态的恶性竞争，仅步行这一概念很难产生强大的吸引力。这些城市也不具有像三大都市圈里城市强大的吸引力和对目标市场的拉动。

## 2. 规划而不策划

许多步行街由于是在政府一手指挥之下完成的，因此，规划方案是由一些著名规划设计院完成的。这些美观、漂亮也充满各种风格的建筑，外表上看，它可能是仿古的，也可能是现代，但是从使用上看，却很难同任何商业物态相容，因为它并不是根据当地的市场生态和商业气氛策划设计的。

在中小城市，要做一个同一主题的长达800m的商业步行街，用什么样的目标人群来支撑它，是一个非常严峻的问题。因为这样一个主题步行街，在大城市也需要相当的消费人群。

## 3. 定位不明

定位，我们指要根据当地商圈和城市特点、人文特点、消费能力和目标人群的情况，设计相应的物态。例如，在做旺人气方面，我们就要充分考虑两个重要的因素：一个就是对儿童的吸引力问题。我们知道，小孩子因为在步行区域里没有车辆的危险，可以快乐玩耍，这对做好步行街人气是一个非常重要的因素，因此，儿童天地在步行街里是一个聚集人气很重要的手段，但是，很多步行街却没有这种考虑。另一个是对那些没有钱的人的吸引，根据当地的文化特点和节事活动的安排，可以设计让那些周边的居民有参与性的活动，就是做旺人场的一个很重要的因素。但是，有的步行街的设计只一味追求品味，向高档次靠拢。其结果就不伦不类，很难产生共鸣。曲高则和寡，步行街不能和当地的商圈以及市场紧密结合，严重背离市场导向，其结果就将被市场所抛弃。

## 4. 贪大求全

由于前期搞所谓的城市经营，不考虑整条商业步行街的优生优育，贪大求全，其结果是项目启动以后，人气不旺，驱动不够力，竞争惨烈。在这种情况下，很多城市便考虑进行后期整容。结果，使得一条看来非常漂亮的步行街，布满因为各种原因招揽过来的经营项目，杂乱无章地聚集在街道两旁，同建设步行街的初衷相距甚远。经营单位由于建筑物已经建成，整体招商困难，不得不低下高昂的头，根据当地的情况进行整容。

## 5. 组织失误

如果是政府工程，步行街建设经历时间相对较长，因此组织者个个有工程做，有一种轰轰烈烈的局面。但是，到了最后招商的时候，结果发现由于中间环节多，使房价高企，租金高企，本地市场很难承受。作为开发商难处很大，需要维持现状，并且要偿还银行贷款，尤其作为国有资产很难降低价格，因为一旦蚀本出让，就要追究个人的责任。因此，招商进展缓慢，没有人敢出头收拾残局，唯有转嫁投资风险。

## 第二章 商业街的成功开发之道

## 拓展阅读：中小城市建设的步行街为何"旺丁不旺财"

中国目前步行街有一半是旺丁不旺财的，有的甚至只是在开街的时候热闹一阵子后就冷落下来了，步行街逐渐演化为"不行街"。那么，为什么在中国都市商圈和中小城市建设的步行街效果不理想呢？推敲其原因有以下七个方面：

### 一、没有市场只有市长

这类步行街多是政府进行所谓的城市运营，照搬照抄大城市的做法建设的，这种决策很少是建立在以市场为导向的研究基础上的。在大城市兴旺的项目在小城市并不一定旺，这是一个基本的事实。这同城市本身的核心竞争力和品牌有很大的关系。

步行街建设在北京、上海、广州这样的大都市商圈里兴旺又发达，根本的原因不在于步行这一概念，而在于本身城市商业的强大辐射能力。也就是说，其目标人群是全国乃至全世界。步行街只是都市美女的一件时装，对于俊俏的姑娘来说，哪怕是披上随意的一块布料，也是风情万种。

但是中小城市就缺乏这种天生丽质。它的目标人群往往是在本地、本市。而在本地市场由于第三产业严重同质化和商业物态的恶性竞争，仅步行这一概念很难产生强大的吸引力。这些城市也不具备大都市强大的吸引力和对目标市场的拉动。可笑的是，有的中小城市在建设步行街的时候，把世界上乃至北京、上海、广州那些步行街的照片发送到人手一册，希望建设像这样的高档商业氛围，简直就有画饼充饥的味道。

### 二、没有策划只有规划

许多步行街由于是在政府相关部门一手指挥之下完成的，因此，规划方案是由一些著名规划设计院完成的，这些美观、漂亮也充满各种风格的建筑，外表上看，它可能是仿古的，也可能是现代的，但是从使用上看，却很难和商业形态相融，因为它并不是根据当地的市场生态和商业氛围策划设计的。

在中小城市，要做一个同一主题的长达800m的商业步行街，用什么样的目标人群来支持它，是一个非常严峻的问题。因为这样一个主题步行街，在大城市也需要相当的消费人群。我们曾见到一条街，建筑漂亮的档口都是整齐统一的风格建设的，但实操不好用。如果整条长达700m、800m的街道全部是服装，本地市场很难消化；如果做饮食业，有没有考虑到厨房等相关的配套；如果做迪厅或卡拉OK，其消防、隔音等也存在一系列的问题。所以，规划漂亮，但由于没有策划的指导，没有项目操作总谱，其后续压力在经营中就表现得非常突出。

### 三、没有定位只有"品位"

定位，要根据当地商圈和城市特点、人文特点、消费能力、目标人群的情况。例如，在做旺人气方面，我们就要充分考虑两个重要的因素：一个就是对儿童的吸引力问题，我们知道，小孩子因为在步行区域里没有车辆的危险，可以快乐玩耍，这对做好步行街人气是一个非常重要的因素，因此，儿童天地在步行街里是一个聚集人气的重要手段，但是，很多步行街却没有考虑这点。另一个是对那些没有钱的人的吸引，根据当地的文化特点和节事活动的安排，可以设计让那些周边的居民有参与性的活动，就是做旺人气的一个很重要的因素。但是，有的步行街的设计只一味追求品位，向高档次靠拢。其结果就好像让全城的妇女按马丽莲·梦露的模样进行化妆，不伦不类，很难产生共鸣。曲高则和寡，步行街不能和当地的商圈以及市场紧密结合，严重背离市场导向，其结果就被市场所抛弃。

### 四、不讲优生，只讲整容

由于前期搞所谓的城市经营，不考虑整条商业街的优生优育，贪大求全，其结果是项目启动以后，长期不旺，竞争惨烈。在这种情况下，很多城市便考虑进行后期整容。结果使得一条看来非常漂亮的步行街，布满因为各种原因招揽过来的经营项目，杂乱无章地聚集在一起，同建设步行街的初衷相距甚远。经营单位由于建筑物已经建成，不得不根据项目经营要求进行整容。

### 五、有肉大家吃，有难没人当

由于是政府工程，步行街建设经历时间相对较长，组织者都有工程做，有一种轰轰烈烈的局面。但是，到最后招商的时候，才发现房价高企，租金高企，本地市场很难承受。作为开发商难处很大，需要维持现状，并且要偿还银行贷款，尤其作为国有资产很难降低价格，因为一旦蚀本出让，就要追究个人的责任。因此，招商进展缓慢，没有人敢出头收拾残局，唯有转嫁投资风险。

政府在支持步行街的建设方面，应该说是出于一种良好的愿望，但是，为了完成整个步行街的招商，结果往往又会要求各部门大力推进步行街的建设，其结果造成全民招商局面，实际后果非常不妙。投资者如果在租金和房价高企的地方，不能赚到应有的利润，就会出现一系列的问题，如偷税漏税、拖延租金、随意改变经营项目等，使得整个步行街品位大跌，甚至出现许多严重违法、违纪的经营。

### 六、拖字当头，官场习气代替商业操作

由于步行街的建设大部分都是由政府操作，存在着责任和风险的问题。当经营不善和有困难的时候，往往是拖字当头。政出多门，决策难下，很难按统一规划进行操作，必然贻误商机。其结果除了地面铺着漂亮地板以外，人们很难看到真正有现代气息的步行街。这就是很多中小城市步行街的命运！

### 七、击鼓传花，逃出升天算命大

由于步行街的建设周期长，基本上是一场"你方唱罢我登台"的好戏，只要最后责任不在我手中，就算逃出升天。至于最后结果怎样，只有天知道！

# 第三节　商业街规划开发实例

## 范例1：上海南京路步行街的规划设计

南京路是上海最繁华的商业街,是上海的城市标志之一,是中央商务区的重要组成部分,1865年正式命名为南京路。至今已有100多年的历史。1908年,南京路开通有轨电车,路面采用铁藜木铺设,其后的20~30年间,南京路迎来了历史上第一个发展高潮,即由原来的小商摊、小商店转向大型百货商厦,相继建成了和平饭店、四大公司、国际饭店等建筑,为南京路日后的发展奠定了基础。20世纪90年代,随着我国的改革开放,南京路出现了第二次发展高潮,纷纷建起新型的综合性商业楼,使南京路的面貌有了翻天覆地的变化。1995年7月15日,南京路实施周末步行街,拉开了南京路功能开发的序幕。南京路步行街的设想已经形成了多年,但由于南京路是上海市主要的东西向交通干道,其周围又没有相应的道路取代其交通功能,因此该设想一直未能实现。

为促进中央商务区的完善,适应人民群众消费水平和要求的提高,重塑和强化"中华商业第一街"的形象和地位,上海市人民政府于1998年8月正式宣布了关于建设南京路步行街的决定,对南京路现有的商业、旅游、文化资源进行优化配置,充分发挥其购物、旅游、商务、展示和文化等功能,把南京路建设成集购物、餐饮、旅游、休闲为一体的环境优雅、文化层次高、具有世界一流水准的步行商业街。

南京路步行街由黄浦区人民政府组织实施,黄浦区城市规划管理局组织牵头该项目的规划设计。通过向国内外公开征集设计方案、专家组评审的方式,确定法国夏氏建筑师联合事务所和法国拉德芳斯公司合作设计的方案为中选方案。由同济大学建筑设计研究院和黄浦区城市规划管理局共同承担总体方案的深化和施工图设计。

1999年9月20日,南京路(河南路至西藏路段)建成全天候步行街,全长1033m,路幅20~28m,绿化面积8000余$m^2$。马路与人行道拉平,地面铺设大理石,路中间为7m宽观光旅游车道,中线以北用印度红花岗石铺设一条宽4.2m的"金带",环境小品,营造海派韵味的街头风情。在浙江路以东开辟世纪广场,是大型文化活动、商业宣传和游人观景的场所。步行街进一步突出了"购物、旅游、休闲、商务、展示"五大功能,体现了"万国商品博览会、繁荣繁华不夜城、购物天堂欢乐游、两个文明大窗口"四大特点。步行街的建成大大提高南京路在世界商业界的地位,对繁荣上海经济,发展都市旅游,促进与周边地区及国内外的经济、文化交流意义深远。

图2-1　上海南京路步行街

# 一、功能定位与总体设计

## 1. 指导思想

学习借鉴国外商业街建设的成功经验,充分展现上海作为国际大都市的形象特色,继承和延续南京路商业街的历史文脉,以人为本,用现代的设计理念和技术手段创造出具有鲜明时代特征的城市商业环境。

## 2. 功能定位

南京路步行街的建设要体现时代特征、中国特色、上海特点,要把南京路建成集购物、旅游、商务、展示和文化五大功能为一体的全天候步行街。

## 3. 总体设计

南京路步行街一期工程东起河南中路,西至西藏中路,全长1033m,路幅宽20~28m,总用地约3万$m^2$。根据人群购物行为特征分析,方案采用不对称的布置形式,以4.2m宽的"金带"为主线,贯穿于整条步行街中,"金带"上集中布置城市公共设施,如座椅、购物亭、问讯亭、广告牌、雕塑小品、路灯、废物箱、花坛、电话亭等。"金带"位于道路中心线偏北1.3m处,处于阳光的照射面,强烈地标志步行街的休憩空间,反映步行街的静态特征。而两侧步行区平坦开阔,无任何障碍物,直接通向商店,反映了步行街的动态特征。另外,"金带"采用抛光印度红花岗岩,夜幕降临,"金带"折射出两侧的霓虹灯光,流光溢彩。

为了创造良好的购物环境,辟出黄金地段的土地(批租土地价格约1万美元/$m^2$),在河南路和浙江路分别设计了休闲绿化广场。河南路是步行街的入口,结合地铁二号线河南路车站出入口,布置了600$m^2$的立体花坛。而浙江路的世纪广场占地近9000$m^2$,正处于步行街的中段,成为人流的集散中心。步行街狭窄的空间到这里豁然开朗,空间的变化丰富了步行街的景观。

## 二、设计原则

南京路在100多年的发展过程中,造就了各种风格的建筑,而且建筑物高低错落,建筑界面凹凸不齐,广告招牌大小不一、形式各异,由于道路拓宽,还留下一段骑楼。但正是这种无序中的有序,为南京路带来了其特有的生动场景。因此,在步行街设计中应尽量保持和发挥这种特性,步行街的路面铺设、家具小品布置应简洁有序,使无序和有序有机地结合。

### 1. 按照内涵式推进发展

不搞外延式发展,要把南京路的特点综合发挥出来,不是大兴土木,而是更有品位,更具特色。

### 2. 统一规划,分期实施

南京东路步行街规划范围从外滩至黄河路,一期工程完成西藏路至河南路段的建设,应为今后步行街的全线贯通创造条件。

### 3. 步行街向纵深发展

步行街的空间环境景观设计应与道路两侧街坊的建筑物,包括规划改建的空间融为一体,要向支路延伸,使步行街向纵深发展。

### 4. 配套设施设计要求

南京东路地下管线原则上不再翻排,但对于步行商业街功能上所需管线,如天然气、雨水管、电力电缆、电信电缆、宽带网光纤等,应予以充分考虑。南京路步行街的路面布局应打破传统的横断面形式,采用一块板布置,取消上、下街沿,改变原有狭窄的步行空间。路面结构能满足慢速观光旅游车通行,亦能通过国内外重要宾客的观光车队,紧急时也可作为抢险通道。同时应考虑设置盲道和无障碍设施。

### 5. 交通设计要求

必须科学合理地组织好交通。充分利用现有的道路，九江路、天津路可承担东西向的交通，近期仍将保留南北向道路浙江路、福建路机动车穿越，并要安排好自行车和机动车的停放。

## 三、道路设计

### 1. 横断面

南京路步行街采用一块板的形式，无上、下街沿之分。道路宽度按两侧建筑之间的距离确定，最宽处约30m，最窄处约18m。道路中心线偏北1.3m处设4.2m宽"金带"，将"金带"的南边线作为路脊线，路脊线以南设7m宽的观光车道。路脊线以北7.2m，以南8.4m处各设一条盖板排水明沟。道路横坡0.8%。

### 2. 纵断面

由于南京路沿线建筑室内标高参差不齐，给纵断面设计带来难度，根据建筑室内标高来调整纵断面标高，尽量保证室内地坪高出室外地面。

### 3. 路面结构

设计尽可能地利用原道路基础。步行区、"金带"采用厚18cm钢筋混凝土基层，观光车道采用厚22cm钢筋混凝土基层，"金带"采用厚4cm抛光印度红花岗岩表面增设防滑条及厚5cm石屑垫层，其他面层都采用厚6cm揭阳红花岗岩石板表面烧毛及厚3cm石屑垫层。浙江中路、福建中路交叉口有南北向机动车通过，道路结构采用厚15cm砾石砂垫层、厚35cm三渣基层、厚3cm水泥石屑和厚15cm济南青花岗岩面层表面烧毛。

### 4. 排水方式

南京路步行街采用盖板明沟排水，路面横坡0.8%，在道路南北两侧各设一条25cm宽、25～50cm高的沟槽，铺盖6cm厚花岗岩石板，留15mm宽的排水缝。每隔40m设落水井一个，用Φ300PVC横管与雨水窨井连接，为防止沟内污垢物沉积，沟内排水纵坡为1%。

### 5. 地下管线

南京路的地下管线大都埋设于1920年前后，历经80余年的沧桑，管线错综复杂。

## 第二章 商业街的成功开发之道

根据设计原则,对老管线作必要的维护和改接,并新增了6孔电话排管、6孔电力排管、Φ300天然气管、Φ800排水管。在"金带"下预埋39孔排管,用于南京路步行街照明、给水、通信、遥控、音响、宽带网等功能需求。

图2-2 上海南京路步行街

## 四、景观环境设计

南京路步行街景观环境设计坚持"以人为本"的原则,各种小品、街道家具、灯杆的尺度与人、建筑的尺度相协调,为游人创造一个舒适、悠闲的购物环境。

### 1."金带"

"金带"贯穿于整条步行街,集中布置城市公共设施,是步行街的灵魂。它作为步行街的休闲停留空间与其两侧的步行空间形成强烈的动静对比。"金带"布置以75m的长度为一个标准单元,留出足够的南北向步行空间,让游人自由穿越"金带"。①街道家具:包括路灯、座椅、花坛、服务亭、广告牌、购物亭、电话亭、垃圾桶等,花坛、座椅的用材与"金带"地面层铺装相一致。②窨井盖:对位于"金带"上的37个雨水窨井盖进行了特殊设计,每个窨井盖都刻有不同图案——上海开埠以来各时期代表性建筑物和构筑物浮雕,并标注建造年份,全部用合金铜浇铸。37个窨井盖浓缩了上海百余年来城市建设的发展史。③雕塑:"金带"上选用了三组铸铜雕塑,分别为"三口之家"、"少妇"、"母与女",均采用真人比例写实的手法,人物造型栩栩如生,融入步行街上的购物人群之中,为步行街营造了祥和温馨的氛围。④题字碑:在河南路、西藏路两端入口处的"金带"上,分别设立了题字碑,碑体为整块抛光印度红花岗岩,基座采用钢筋混凝土结构、揭阳红花岗岩贴面。碑体正面是江泽民总书记题写的"南京路步行街"六个镏金大字,背面为中英文对照的南京路步行街建设志。

## 2．广场设计

（1）世纪广场：位于南京路以南、湖北路以东、九江路以北、福建路以西，用地面积为 8404$m^2$。广场西侧近 4000$m^2$ 绿地，花坛西侧耸立着一座高 3.08m 的东方宝鼎，东侧安置了一座时鸣钟，这是为纪念中国和瑞士建交 50 周年，瑞士人民赠送给上海人民的礼物，到正点，时钟会响起中国民歌旋律的钟声。广场东侧有管理用房、LED 大屏幕、旱喷泉、停车场等设施。从步行街进入世纪广场，空间豁然开朗，既丰富了城市景观，又为游人提供了开阔的绿化休闲场所。世纪广场也是演出、商品展示、大型活动的理想场所。（2）河南路广场：结合地铁通风井、残疾人电梯、车站出入口设计了一个占地约 600$m^2$ 的立体花坛，使地铁设施融入绿树丛中，与广场形成一个整体

## 3．西藏路天桥

该天桥建于 1985 年，为了配合南京路步行街的建设，对其进行重新装修。天桥的主体结构保留，设计采用不锈钢栏杆和玻璃护栏，桥面使用彩色水泥，底部用铝合金扣板和弧形肋板吊顶，并安装 2400 根光纤，由计算机控制形成五种颜色渐变的满天星效果的弧形光环。

## 4．绿化设计

南京路步行街绿化设计是总体设计的重要部分之一，通过"点、线、面"结合，营造精致的绿化景观，最大限度地改善步行街的生态环境。

（1）"点"：即贵州路、金华路、浙江路、福建路、河南路口的五棵巨型香樟树，它们既点缀了环境、为步行街的空间创造韵律感，又对游人起到提示路口的作用，同时，也较好地解决了行道树与商店招牌、霓虹灯广告间的矛盾。

（2）"线"：即"金带"绿化和步行区的行道树，"金带"上布置 32 个方形花坛，种植四季草花；11 个圆形花坛，植有树龄达百年以上的构骨树；在河南路、福建路、浙江路口的"金带"端头，安放五组各 15 棵盆栽造型树。步行街上保留了原有的 24 棵悬铃木行道树。另外，河南路至山西路段，因地处地铁车站，顶板覆土浅，无法种植，我们安放了 60 多棵盆栽桂花树，金秋丹桂飘香，别有一番情趣。

（3）"面"：即世纪广场和河南路广场中的大片绿地。世纪广场的绿化突出了"把大树引入都市"和回归大自然的主题，集中绿地呈阶梯式，流线型的花岗岩条石将绿地分成高、中、低三层，最高处种植 50 棵香樟，中间种有黄杨、大桂花树等灌木，下层是绿色植被和草花勾勒的花带。河南路广场绿化是一个占地达 600$m^2$ 的立体花坛，绿色珊瑚树、四季草花、黄色金叶女贞由上而下，形成层次分明、色彩艳丽的景观绿地，并将地铁通风口、出入口隐蔽其中。

## 第二章 商业街的成功开发之道

### 5.灯光

南京路步行街的灯光设计除了满足照明要求外，更注重与景观环境的协调。充分利用原有建筑物上霓虹灯、泛光照明、灯箱、橱窗所构成的环境效果，在观光车道的南边线布置有一排地灯，既起到标识观光车道的作用，又与"金带"上6m高的路灯相呼应，将整条步行街的灯光贯穿起来。"金带"表面抛光形成镜面，其反射光与建筑的灯光交相辉映。

## 范例2：北京王府井商业步行街实例分析

### 一、概况

王府井地处北京市二环内的中心地段，它位于市中心的东长安街北侧，是一条北起金鱼胡同西口南至东长安街的810m长的大街。1915年，北洋政府绘制《北京四郊详图》时，把这条街划分为三段：北段称王府大街，中段称八面槽，南段因有一眼甜井，与王府合称，就成了"王府井大街"。王府井大街，全长约1600m，是北京最有名的商业区。王府井的日用百货、五金电料、服装鞋帽、珠宝钻石、金银首饰等琳琅满目，商品进销量极大，是号称"日进斗金"的寸金之地。

图2-3　北京王府井商业步行街

### 二、交通分析

东西向：前三门大街、长安街、五四大街、平安大街四条主要通道；东西道路均贯穿旧城区，道路条件好，无须转向分流。

南北向：东二环路、东单北大街及延长线、南北河沿大街；东二环路沿线全封闭、全立交条件很好，其余两条道路可在平安大街和前三门大街交叉路口通过转向分流，这些交叉口允许南北方向的车辆左转。

根据道路的功能划分，四条街分别承担了各自不同的功能。主街依然以商业为主；北街作为主街的延伸段，以商业和文化旅游为主；西部东安门大街利用靠近故宫和已形成规模的东华门小吃夜市，形成旅游、餐饮一条街；东部金鱼胡同根据星级饭店密集的特点，形成饭店一条街。

图2-4　王府井小吃街

## 三、功能分析

王府井商业街划分为文化艺术区、旅游服务区和购物休闲区三大特色区域。东城区启动的《王府井商业规划》，把王府井从购物型商业街变为休闲综合性消费商业街。

## 四、景观设计分析

（1）王府井大街道路的色彩和质感是街道基调的重要组成部分，王府井大街的车行干道采用了暖灰浅色调的毛面花岗岩，以体现"金街"的持重厚实，两侧人行步道采用了290mm×290mm浅米色系的步道砖，尺度、图样力求亲切雅致，同时兼顾耐久防滑等功能要求。

（2）王府井大街上的天主教堂（本名圣若瑟堂），教堂前广场占地约1.12hm$^2$，改造前被围墙及临时建筑包围路人极少感到它的存在。改造后整个广场向大街开放，成为街道空间的重要补充。

（3）沿街店面的整治与改造商业门脸是商业街景观的重要构成要素。通常来讲，一条街上的门脸是在不断发展演变的，随着商业主体的发展变化而变化，但以政府为主导的改造

## 第二章 商业街的成功开发之道

工程要求在有限的时间内达到商业街整体环境的改变，在设计和操作上有很大的难度。王府井大街的做法是先由政府操作，完成街景立面改造指导性设计，然后以商家为主体，在指导性设计的引导下，完成实施设计和改造。

（4）街道家具的设计和选用包括座椅、路灯、垃圾筒、车站、电话亭，宽泛地说，树木也应是街道家具的内容。除了要考虑功能性的内容，如使用要求、间距要求外，它们也是重要的景观构成要素。

（5）历史与文化内涵展现改造后的王府井，雕塑已成为其街道品牌不可分割的一部分，王府井的街名源自旧时街上的一口井，改造时该井也被发现并保护起来。

主街上还有几处超写实手法的雕塑，反映旧时街道口拉洋车的和剃头的、唱曲的情景，虽然此类手法在其他一些公园广场中也很多见，但由于其内容是反映王府井的历史，是我们景观设计中期望赋予的一种怀旧情结的载体，因而显得很贴切适宜。

## 范例3：特色商业街的开发模式与成功因素案例解析

随着中国城镇化进程的明显加快，城市功能也日趋完善，特色商业街区作为城市发展的一个重要标志越来越受到各地政府的重视，也成为商业地产发展的热点。其特色或表现在建筑风格、产品特色或经营特色上。下面我们从国内开发成功的一些案例，分析特色商业街的开发模式与成功因素。

## 一、时尚 + 商业

### 1. 三里屯 village

三里屯 village 是集文化、艺术、休闲和购物于一体的全新空间。

图2-5　三里屯village

艺术建筑：建筑本身就是一件艺术品，独立品牌大楼，以三维建筑去宣示品牌形象。

不规则的楼体、色彩斑斓的外观，到大胆的建筑材料的运用，以及相对独立而又互相连接的多层空间设计，使得建筑整体本身就是一件艺术品（趋势：世界一线品牌购物终端的发展史，大多都经历了从只重视店铺内的设计，到重视整体建筑艺术风格的演变过程）。

业态：业态丰富，南区偏重年轻时尚，北区定位更高端，多为国际一线品牌。

南区业态定位：南区更偏重年轻时尚，中高端为主。领域广泛：业态涉及时装/配饰、美容、家居、电子产品、书店、餐厅、影院和艺术文化，经营范围延伸到了家电和儿童乐园的领域，如香港知名大型儿童教育品牌 WiseKids，也将成为三里屯 Village 的特色之一，同时也是进入北京的首家店。

北区业态：定位更高端，瞄准国际一线品牌；品牌旗舰店装修风格前卫、时尚。

接连不断的创意、艺术、展示、活动使得三里屯 village 成为北京时尚潮流地标。

### 2. 世贸天阶

世贸天阶是京城时尚旅游新地标。

定位——定位为"结合美食、娱乐、空间艺术、时尚信息橱窗以满足看、听、嗅、味、触的全感官之旅的休闲购物场所"，将为 CBD 内的中高收入的白领提供流行时尚零售业态及商业服务设施，将集 6 星级 Night Club 异域特色主题餐厅、家居生活、SPA、美食广场、品牌旗舰店等于一体。

京城独一无二的巨型天幕使世贸天阶成为时尚旅游新地标。

图2-6 世贸天阶

品牌——世贸天阶汇集了世界各地时尚特色品牌，其中包括很多北京首家店铺及旗舰店：

西班牙时尚品牌 ZARA 北京第一家旗舰店；

Miss Sixty/Energy 北京旗舰店；

## 第二章　商业街的成功开发之道

FUBU 北京唯一店；

直营概念店 Adidas Heritage；

法国流行品牌 promod 北京第一家店；

SJSJ 北京第一家店；

美国时尚品牌 GUESS 北京旗舰店；

美国经典休闲品牌 GANT 中国旗舰店；

法国品牌 Lilith 北京第一家店；

西班牙鞋具皮具品牌 Patricia 的北京第一家店；

德国女装品牌 MARCCAIN 的北京第一家店；

高级服装订制台湾品牌 GIOIA PAN 的中国第一家店；

雅诗兰黛集团设立 MAC 彩妆专卖店；

别具特色的爵士乐酒吧 CJW；

北京第一家外文书店 Chater House；

韩国高档超市及加州健身姚明运动馆的中国第一家店；

Gold Bo-tree 菩提岛时尚生活 SPA 的北京每一家店；颂音乐厨房的中国第一家店等。

### 3. 蓝色港湾

定位：国内首座 Lifestyle Shopping Center，依托朝阳公园水景资源，打造全新商业形式。

蓝色港湾有别于传统商业，是集购物、娱乐、休闲、旅游、文化于一身的一站式体验消费场所。最大特点是将丰富业态与顶级环境资源相融合，以完全开放式空间为城市中的精英群体营造闲适轻松的购物氛围，是都市水泥森林中的一处稀有风景。

业态—SOLANA 包含购物、休闲、文化、娱乐等多种业态，经营内容丰富，满足各类人群消费需求。

| 区域 | 细网 | 业态 |
|---|---|---|
| 零售商业区 | 西主力店 | |
| | 品牌街 | 国际一、二线品牌旗舰店为主，穿插主题缤纷影楼、名品珠宝钟表店、艺术画家、美容院、咖啡甜品店 |
| | 时尚购物广场 | 品牌服装、流行服饰、特色香氛、儿童用品 |
| | 新生代主题店 | 运动休闲、牛仔、户外运动、高尔夫、图书音像制品、数码科技、文化用品明星冰场、健身中心 |
| 餐饮娱乐区 | 核心娱乐区 | 星级多厅影院、KTV、Disco、SPA健身、电玩、社交舞会及酒吧零售 |
| | 海鲜吧街 | 主题酒吧、咖啡厅、高档西餐厅 |
| | 亮马食街 | 高档酒店和特色餐厅 |
| 悦椿酒店 | | |

图2-7　蓝色港湾的多种业态

8字动线：SOLANA 蓝色港湾独有一条巧妙的 8 字形的动线，消费者沿着这条动线行走，将不会错过 SOLANA 蓝色港湾的绝大多数店铺。整个建筑由 19 栋 2～3 层地中海风格的楼宇环型组成，拥有众多的国际品牌名店。

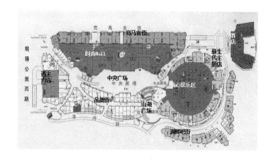

图2-8　蓝色港湾平面图

总结：

必备条件：区域具备良好的商业消费环境。

Solana：地处 CBD、燕莎和丽都三大商圈交汇处，形成了浓厚的国际化氛围；周围聚集了 20 多个北京最高档的涉外公寓和高尚社区，此区域已发展成为北京最具消费力人口的聚集区；周边涉外写字楼里工作的高收入白领为 Solana 提供了众多高素质、高收入的消费人流。

# 二、历史 + 商业

## 1. 上海新天地

上海新天地位于城市"中心的中心"，距淮海中路高档消费商业区 600m 左右，占地面积 52 万 $m^2$，紧邻淮海中路商务圈，北至太仓路；西至马当路；南至自忠路；东至西藏南路原自然街坊 23 个；原居住人口 7 万人。新天地是太平桥改造规划的首期项目。

石库门建筑群外表保留了当年的砖墙、屋瓦，而每座建筑的内部体现出现代休闲生活的气氛。漫步新天地，仿佛时光倒流，有如置身于 20 世纪 20、30 年代的上海，但一步跨进每个建筑内部，则非常现代和时尚；门外是风情万种的石库门弄堂，门里是完全的现代化生活方式，一步之遥，恍若隔世，真有穿越时空之感！其中，北里约 3.5 万 $m^2$，以保留石库门旧建筑为主，内部为现代化装修。南里以反映时代特征的新建筑为主，包括一座总建面达 2.5$m^2$ 的购物、娱乐、休闲中心，配合少量石库门建筑。

## 第二章 商业街的成功开发之道

开发理念：改变原先的居住功能，赋予商业经营价值，把这片反映了上海历史和文化的老房子改造成集国际水平的餐饮、购物、演艺等功能的时尚、休闲文化娱乐中心。使其成为外地游客来上海旅游的必到之地；上海的白领一族体验小资生活的专属地；居住在上海外籍人士进行交流和聚会的根据地。

改造方式：新天地开发借鉴了国外经验，采用保留建筑外皮、改造内部结构和功能、并引进新的生活内容，这一做法在上海甚至是全国尚属首创。

功能定位：集餐饮、购物、娱乐等功能于一身。

客户定位：上海的小资一族、居住在上海的外籍人士以及到达上海的中外游客；提供一种集购物、餐饮、住宿、休闲、娱乐和观光旅游为一体的"一站式"消费的场所。

集中式商业与街铺的比例：42%集中式商业（5层）+ 58%街铺（2～4层），近乎40%：60%的比例。

图2-9 上海新天地

艺术化商业：新意迭出的时尚活动，为新天地带来富有动感的现代时尚风采，使之成为现代潮流的领导者。

服务：咨询中心免费提供新天地各个租户的店卡和各种关于新天地的资料、刊物，以及上海旅游交通地图等。电脑浏览新天地及其他相关的网站。中英双语服务。

上海新天地商业功能实现成功因素：

选址：城市核心区中心位置、市级商圈、高档商务区附近，周围有高端住宅支撑。

差异化定位：与邻近成熟商圈形成差异、功能综合、集餐饮、购物、娱乐休闲、文化于一体。

商业业态比例：零售：餐饮：休闲娱乐及商服分别为42%：38%：20%。

商业形态比例：42%集中式商业 + 58%商铺。

盈利模式：采取只租不售模式，经营者和管理者分离（开发商资金实力、商业管理经验）；

对租户严格挑选，现有租户中，85%来自中国内地以外的国家和地区。

项目抓住了符合现代消费的"流行、时尚"的核心文化元素，迎合了市场的需求。

建筑构建出海派文化特色；商业运营上体现时尚代表时尚艺术的"陈逸飞"、代表流行音乐时尚的"东魅"，并辅之以星巴克、哈根达斯、酒吧。将项目与城市本身的历史文化构成一个强烈的反差，以彰显项目的差异化和独特性。反其道而行之，将项目的建筑风格与城市文化的对比和反差做到极限。充分利用区域传统的消费基础，并通过项目的打造，将影响扩大到全市、全国。项目的规划设计上独树一帜，剑走极端，构建区域建筑标杆。

## 2. 南京 1912

昔日总统府邸，今朝城市客厅，主打"民国文化牌"，兼具文化历史底蕴和现代时尚的休闲文化商街。

位置：位于南京市长江路与太平北路交汇处。

规模：由17幢民国风格建筑及"共和"、"博爱"、"新世纪"、"太平洋"四个街心广场组成，总面积3万多 $m^2$。

案名：从征集的600多个方案中确定，1912是民国元年。

定位：南京1912定位于"城市客厅"，力图成为白领、小资、文化人群、外籍人士、商务客人、游客消费的"高尚休闲商业区"。

图2-10 南京1912

南京1912的设计风格与总统府遗址建筑群总体风貌保持一致。总统府是南京民国建筑风貌的集中地；17幢建筑，其中5幢是原有的民国建筑，最高的只有三层楼，大多数建筑是两层楼甚至是平房。

青灰色与砖红色相间的建筑群，风格古朴精巧，错落有致、呈L形环绕"总统府"；大多数新建筑中，无修饰与浮华的青砖既是墙体，又是外部装饰，烟灰色的墙面上，勾勒了白色的砖缝，除此之外无任何修饰。

业态——以酒吧为主要经营业态，消费档次定位中高档，注重国际一线品牌的引进。

## 第二章 商业街的成功开发之道

图2-11 南京1912民国风格建筑

招商定位：招商方向主要定格在与旅游休闲相关的餐饮、酒吧、咖啡馆、茶馆、美容健身中心等国际顶尖品牌。国际一线品牌将占有40%的份额，国内发达城市的一线品牌占有30%的份额，其余30%。

总结：

选址：历史文化资源、遗留建筑。

1912：与民国总统府一墙之隔。

规划：以民国文化为载体；业态、定位上时尚、与建筑形成反差。

定位：旅游、外国人、本地高端白领、小资。

## 三、文化 + 商业

### 1. 成都锦里

文化、商业与地产的融合，是巴蜀民风民俗和三国蜀汉文化的民俗风情街，号称"成都版清明上河图"。体验式、休闲式、互动式的旅游方式，符合现代游客的旅游需求。

在3个主题区域坚持了主题和特色业态，再分别辅以其他业态，避免了相同业态过于集中，带来消费疲劳。

图2-12 成都锦里平面图

根据依附的地理空间所承载的文化内涵来确立建筑的主题，锦里外部为明清古建筑风格，与武侯祠现存的清代建筑融为一体。

图2-13　锦里明清古建筑风格

锦里休闲街主要卖的是"文化",是三国文化的代名词,把文化与商业巧妙的融合起来,使顾客在体验文化的同时进行消费。

图2-14　锦里把文化与商业巧妙的融合

## 2. 天津鼓楼商业街

集旅游、购物、娱乐、展示、休闲风情文化街。

占地约20万 $m^2$,总投资12亿元。

以青砖瓦房的明清建筑风格为主,主体2至4层,高低错落。

商业街总体规划呈十字形,南北向长580m,东西向长510m。

以新鼓楼为中心的鼓楼广场,长宽各81m,做敞开式设计。

广场周围分南街(天津风情街)、北街(古董珠宝街)、东街(精品购物街)等几个部分,兼具旅游、购物、娱乐、展示、休闲等多项功能。

目前入驻商业企业500家。

商业街由三部分构成:南街(天津风情街)、北街(古董珠宝街)、东街(精品购物街)。

图2-15　天津鼓楼商业街

### 3. 北京南锣鼓巷

以胡同四合院为肌理、历史文化为底蕴、兼具品味人文环境的休闲旅游和文化创意的特色街区。

定位为集商业休闲、文化旅游、艺术品交易、文化创意为一体的特色商街，目前经营的商铺主要为酒吧、餐饮及工艺品店。

图2-16　北京南锣鼓巷

除胡同文化之外，北京民俗文化以及现代休闲创意成为南锣鼓巷特色商业街的最大亮点。

北京民俗文化：汉服文化、传统茶艺、变脸、中幡、杂技、老北京传统叫卖等。

现代艺术文化：花式调酒、非洲风情舞蹈、先锋音乐、经典话剧等。

文化产品的展示：主题明信片、纪念戳、老北京传统小吃、民间艺人现场制作手工艺品以及全国各地创意达人手工艺品。

## 四、艺术 + 商业

北京 798 艺术区：

北京文化时尚创意先锋基地，国内最具国际影响力的艺术区。

"798 艺术区"位于北京东北方向朝阳区大山子地区，是 20 世纪 50 年代由苏联援建、东德负责设计建造的重点工业项目原国营 798 厂等电子工业的厂区所在地。

自 2002 年开始，大量艺术家工作室和当代艺术机构开始进驻这里，成规模地租用和改造闲置厂房，逐渐发展成为画廊、艺术中心、艺术家工作室、设计公司、时尚店铺、餐饮酒吧等各种空间的聚集区。

798 艺术区已经变成国内最大、最具国际影响力的艺术区，并已成为了北京都市文化的新地标。

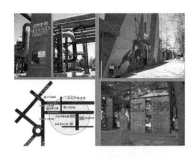

图2-17 北京798艺术区

798 进驻机构除了画廊 / 艺术中心 / 工作室外，餐饮业、时尚业、媒体产业、设计 / 广告公司目前在园区中已经占有很大的比重。

图2-18 798艺术区进驻的机构

具有艺术气息的特色餐饮、零售等商业配套已经成为园区最主要的盈利点。

798 艺术区已经基本形成了以艺术为核心的生态系统：

艺术创作——园区发展的核心驱动力。浓郁的创作氛围使大量艺术家聚集在此，成为

## 第二章 商业街的成功开发之道

一切艺术活动的源泉。

艺术交流——园区面向社会的营销窗口。大量的展览、沙龙极大地提升了798的知名度和社会影响力。但展览和艺术品交易的收益状况一般。

衍生服务——园区主要的商业收入来源。特色餐馆、酒吧、咖啡厅,创意家居、服饰店以及与艺术相关的书店等等,不仅丰富了园区的配套,增添了园区的活力,更为园区带来了丰厚的租金回报。

# 范例4:天津小白楼历史街区规划策略

## 一、天津小白楼历史街区规划背景

小白楼历史街区位于天津市新商务区的南端,与五大道历史风貌区相邻,位于新兴经济带南京路的南东端。小白楼地名的由来,是因为原来在这里有一个外墙涂白色的二楼酒吧,当时这一地区尚无其正式地名,当地居民便以这一独特白色小楼为标志,约定俗成地称这一地区为小白楼。

自19世纪60年代天津开埠,小白楼地区经过百年岁月逐渐从与劝业场齐名的传统商业中心转型为天津市最为成熟的中心商务区。小白楼历史街区长期在天津历史上属于仅次于劝业场的第二大商业中心,1860年天津开埠以来先后为美租界、英租界。由于其特殊的隶属关系成为英、美、中三国都不管的"洋三不管"地带。殖民时期紧邻五大道富人居住区;维多利亚道金融街及英租界码头的地域优势,使这里一直是天津有名的商业娱乐区。历史与现代的交汇为小白楼地区带来独特的风貌与城市形态。在众多高耸的大型写字楼之间,散落着大量当年留下的充满历史感的近代建筑及街区。

与同为中心商务区的解放北路商务区与南站商务区相比,小白楼历史街区具有明显的混合特征,兼具历史风貌与现代风情,作为南京路与海河交汇区域,附以地铁系统的服务,小白楼历史街区无可避免地成为滨江道中心商业区的副中心。

图2-19 天津小白楼历史街区

## 二、小白楼历史街区的规划策略

本案规划设计旨在创造小白楼重要历史街区新时期的城市印象和环境,最重要的是通过塑造大面积的公共空间来提高都市公共生活的质量。

### 1. 城市形态构思

为了与街道、保留建筑等现有条件相呼应,将地块整体上分成六个区。每个区块的主要特征不仅仅是某幢大楼或某个建筑群,而同时是一个精心设计的融入草、树、灌木、小山、公园、水景等自然要素的开放空间。

面向地铁站的下沉广场的周边包含了许多商店,酒吧、俱乐部等休闲功能。一系列的平台提供了到达不同层面的通路,连接了位于中区的艺术孵化区。

艺术中心是规划者精心策划的建筑群,把它设计成一个开放的体块,提供了围绕着一系列内院的灵活空间,连接了蜿蜒的步行道。两层高的曲折形体块相互叠加,这是一个非常明快和明确的组合,为了能够在将来深化设计时具有灵活性,特地采用了模数手法,以便于增减空间。安排不同的机构和功能,可以在功能上以不同的方式布置,从而创造了一个有变化和充满活力的城市空间。

### 2. 开放空间营建

加强小白楼历史街区与东部海河和西部五大道历史风貌区的形式和机能上的联系。利用区域划分及内、外边缘,提高"归属感"和提供多样化生活体验。

### 3. 交通设施的改造

结合到区域的城市交通系统改造,将合肥道与将建成的蚌阜桥连通,增强海河南岸的通行能力,并分担自曲阜路至合肥道、南京路的交通流量,将该路段改为公车及步行专用道。建设中心地下停车库,将所有地面停车所占空间还给公共开放空间,同时将浙江路、开封道建设路自地下车库入口至中心区域改为人行空间。

## 范例 5:武汉江汉路"洗心革面"变成步行商业街

武汉百年老街江汉路全长 1600m,自 1900 年开街以来,一直以其独特的建筑风格、繁荣的商业氛围让每一个武汉人引以为傲。汉正街的变化,更让人眼花缭乱。

## 第二章 商业街的成功开发之道

图2-20 武汉江汉路步行商业街

2000年2月底，武汉市政府决定将江汉路这条百年商业老街改造成一条集精品购物、休闲旅游于一体的新型商业步行街。步行街于2000年9月22日正式开街。江汉路步行街长达1210m，号称是目前中国最长的步行街。至此，北京王府井、上海南京路、天津和平路、哈尔滨的中央大街、武汉江汉路成为中国大都市的"五朵金花"。风格各异的建筑、美丽的亮化工程、耐人欣赏的"汉味小品"、中、西餐饮的大比拼、繁华的商业文化同台竞"演"，这为该街营造了良好的休闲观光氛围。

武汉市首先对江汉路上的占道经营现象开刀。湖北省江汉区出资900多万元建立花楼街商业区，接纳江汉路上容纳不下的游商小贩。一夜之间，江汉路沿街两侧的上千个摊贩各得其所，江汉路顿时清爽起来。交管部门对载重货车、大客车亮起了红灯，把江汉路设为单行线。与此同时，武汉市商业局把江汉路与中山大道一起纳入"全国百城万店无假货"的行列，以一流的质量和服务塑江汉路形象。

2000年2月，武汉市政府投资1.5亿元，为百岁高龄的江汉路进行"洗心革面"式的整容。昔日乱如蛛网的管线全部埋入地下，商业门店的进出大门一律采用全透明的玻璃门，店铺招牌统一规格和尺寸，沿街门面和历史建筑实行整体亮化，统一设置户外霓虹灯广告。还建了一批广场和绿地休闲空间，安置雕花休闲椅，竖起欧式电话亭和流动公厕。

武汉市委、市政府高度重视江汉路步行街的管理，成立了正式管理机构——武汉市江汉路步行街地区管理办公室，隶属武汉市城市管理局，全面负责江汉路步行街的综合管理工作，成立江汉路步行街地区执法大队，隶属于武汉市城市管理执法局直属分局，全面负责江汉路步行街的综合执法工作。

江汉路步行街处处体现人本特色，沿途广场、绿地、园林小品、休闲坐凳、背景音乐等一应俱全，逛累了，可以坐下来歇息，如要赶时间，两辆外观新颖、小巧玲珑的电动汽车也可以"随叫随停"地带着客人观光、购物。街面上全程使用电子监控系统，16个摄像机镜头为步行街路面、店面、行人提供24小时的安全服务。

为充分挖掘百年老商业街的潜力，创建品牌商业街，江汉路步行街路边不再设"路肩"，除金融业、金银珠宝业外，其他商家均拆除卷闸门窗，安装通透落地式玻璃门，整治、装修营业场所，合理布局店堂，增加灯光照明，装饰店名招牌，使街景与两边店铺落地橱窗连成一体。行人观景、行走、购物有如走进一家"巨型露天商场"。区域内商贸服务业业态齐，国内外知名品牌集中是江汉路步行街地区的一大特色，拥有各类商业门点234处，涉及服装、家电、餐饮、金融、百货等51个行业。

图2-21 江汉路步行街

在商店经营结构调整上，既适应不同消费群体的要求，又同国际商业潮流相适应。改造后的江汉路分为三个区段：从江汉关至鄱阳街口400m距离形成以金融业、保险业为主体的商业区段。从鄱阳街至中山大道300m距离，形成以国家级老字号及现代国内名牌商品为主体的商业区段，如精益眼镜店、老亨达利钟表店以及班尼路、李宁服饰、大台北鞋城、高邦服装、百世吉、佑威服饰、真维斯、佐丹奴、丽莱服装、鄂尔多斯等专卖店。从中山大道至江汉四路510m距离，形成以中心百货商店、新世界百货中心、俊华名品广场等现代大型商场为中心的综合性商业区段。同时，一部分商家根据市场发展趋势和自身条件进行结构调整。中心百货商店已退出五金、水暖、小百货等品类经营，突出中、高档有特色的商品经营。汉商集团汉口商场现改为数码摄影城，营业面积达22000m$^2$，专营品牌数码器材和婚纱摄影等现代服务项目，成为全国最大的专卖店。

## 范例6：宽窄巷子：历史文化街区向特色商业街的嬗变

"宽窄巷子"是成都市三大历史文化保护区之一，由宽巷子、窄巷子和井巷子三条平行排列的城市老式街道及其之间的四合院群落组成，于20世纪80年代列入《成都历史文化

## 第二章　商业街的成功开发之道

名城保护规划》。2008年6月，为期三年的宽窄巷子改造工程全面竣工。修葺一新的宽窄巷子由45个清末民初风格的四合院落、兼具艺术与文化底蕴的花园洋楼、新建的宅院式精品酒店等各具特色的建筑群落组成。

图2-22　成都宽窄巷子

2003年，宽窄巷子历史文化区在下半年全面动工改造。该历史区的改造工程与以往一般的旧城改造有着实质性的区别，它不是推倒重来，而是为了再现老成都的历史文化风貌进行保护性甚或是抢救性地改造。其涉及的范围是北起支矶石街，南至金河街，东抵长顺街，西含同仁路，这个占地面积近300亩的区域主要包括两方面内容，一个是核心保护区，一个是环境协调区。其中，核心保护区主要是地处支矶石街以南、井巷子以北的宽巷子、窄巷子两个街坊，这片区域大概占地80多亩，剩下的200多亩为环境协调区。此外，两个区域在具体实施中着重点不同，前者强调的是保护，后者则着重开发，而开发的最终目的也是为了更好地保护。

具体做法是，核心区内本着"只迁不拆"的实施原则，即采用产权买断、调换等方式，获取该区域内所有房屋产权，并外迁原所有人和使用人。该区域内近40%的建筑将要保留，对它们将采取修缮的方式，按照原有的特征进行修复，并完善内部设施；剩下近60%的建筑在保持原有建筑风貌的基础上进行改建，做到"整旧如旧"。而环境协调区内原有的大部分建筑予以拆除，纳入到重新开发建设范围内，新开发的建筑将为成都市内顶级宽窄巷子的产品——独立仿古宅院式别墅，其风格、尺度与材料将与核心保护区保持一致，做到"整新如旧"。

改造后的宽巷子、窄巷子，其旧有的单一居住功能将得到置换和丰富，向以"文化、商业、旅游"为核心的功能转变，其间设置一些区域，专门用来展示一些早已失传或将要失传的古老艺术和文化，如蜀绣、蜀锦、竹编及漆器工艺等，还修建了一些具有特色的纪念馆、旧时的画馆、文馆、茶馆、戏馆等，并且邀请一些顶级艺术家以及文化名人来这里从事创作。宽窄巷子作为典型的院落文化代表，共分为三个主题。

图2-23　本书作者赵向标考察宽窄巷子

## 一、宽巷子：老成都的"闲生活"

宽巷子是"闲生活"区，以旅游休闲为主题。改造后的宽巷子是老成都生活的再现，在这条巷子中游览，能走进老成都生活体验馆，感受成都的风土人情和几乎要失传了的一些老成都的民俗生活场景。而四合院中可以品上盖碗茶，吃上正宗的川菜。宽巷子唤起了人们对老成都的亲切回忆。新建的宅院式精品酒店等各具特色的建筑群落给富有传统气息的巷子点缀上了时尚的气息，是老成都的"闲生活"。

图2-24　宽巷子是老成都生活的再现

"宽巷子代表了最成都、最市井的民间文化；原住民、龙堂客栈、精美的门头、梧桐树、

# 第二章 商业街的成功开发之道

街檐下的老茶馆……构成了宽巷子独一无二的吸引元素和成都语汇;宽巷子,呈现了现代人对于一个城市的记忆。"老人在老茶馆门口安详地喝茶摆龙门阵,猫懒懒地盘在脚下打盹,梧桐树投下斑驳的影子,院落里的树上挂着一对画眉……

在宽巷子中,老成都原真生活体验馆将成为宽窄巷子的封面和游览中心。它将集中展现宽窄巷子所代表的成都生活精神。体验馆里将展示民国时期一户普通成都人家一天的生活场景,用一个院落复原这个家庭的厨房、书房、堂屋、新房等,向参观者呈现老成都的生活状态。观众还可以在其中听几十年前的老成都人摆龙门阵,看成都女孩绣蜀锦,晚上看皮影、看木偶戏、即兴写书法等。在业态上,宽巷子将形成以精品酒店、私房餐饮、特色民俗餐饮、特色休闲茶馆、特色客栈、特色企业会所、SPA为主题的情景消费游憩区。

## 二、窄巷子:老成都的"慢生活"

窄巷子是"慢生活"区,以品牌商业为主题,这里是国际化的业态,是拥有世界眼界的时尚中心,这里又是最成都的生活,在巷子里品味缓慢的下午和时光的停驻。窄巷子,是老成都的"慢生活"。

图2-25 窄巷子是老成都的"慢生活"

"窄巷子的特点则是老成都的慢生活。"成都是天府,窄巷子就是成都的"府"。一为收藏,一为丰富,改造后的窄巷子展示的是成都的院落文化。院落,上感天灵,下沾地气。这种院落文化代表了一种精英文化,一种传统的雅文化。宅中有园,园里有屋,屋中有院,院中有树,树上有天,天上有月……这是中国式的院落梦想,也是窄巷子的生活梦想。通过改造,窄巷子植绿主要以黄金竹和攀爬植物为主,街面以古朴壁灯为装饰照明,临街院落将透过橱窗展示其业态精髓。窄巷子将形成以各西式餐饮、轻便餐饮、咖啡、艺术休闲、健康生活馆、特色文化主题店为主题的精致生活品位区。

# 三、井巷子：成都人的"新生活"

井巷子是"新生活"区，以时尚年轻为主题，是成都的新生活区域酒吧区。这里是成都的夜晚最热闹的地方，是华灯初上的成都风华，是笑靥如花的芙蓉女子。井巷子，是老成都的"新生活"。

图2-26　井巷子是成都人的"新生活"

通过规划改造，井巷子将是宽窄巷子的现代界面，是宽窄巷子最开放、最多元、最动感的消费空间——在成都最美的历史街区里，享受丰富多彩的美食；在成都最精致的传统建筑里，享受声色斑斓的夜晚；在成都最经典的悠长巷子里，享受自由创意的快乐。"井巷子将形成以酒吧、夜店、甜品店、婚场、小型特色零售、轻便餐饮、创意时尚为主题的时尚动感娱乐区。"王华银透露，小洋楼广场将是井巷子中最具特色的建筑，法式小洋楼据说曾是一个大户人家的私邸，后来成为教堂。这座法式风情的小洋楼展现了成都兼容并包容的开放心态。以小洋楼为核心的广场将成为井巷子的中心节点。同时，这里将成为婚恋主题消费场所，成为恋爱、婚庆的经典场地，成为甜蜜、时尚的不二代言。

## 范例7：广州北京路步行街核心商圈城市更新

北京路——这个繁华区域形成有着历史渊源。纵观全国，各大城市都有以"北京路"命名的街道，位于城市中心繁华地带。在众多"北京路"中，广州北京路以其商业最繁华、历史最悠久驰名中外。北京路号称广州商业第一名片，全国三大商业步行街之一，"千年商都"的标志性符号。

## 第二章 商业街的成功开发之道

图2-27 北京路步行街核心商圈

早在唐朝，北京路已为通衢，清代更是名店林立，商铺绵延。改革开放后，北京路商业更加繁荣，专门设立了全天候的商业步行街，以其独有的魅力，吸引中外名店进驻，成为知名品牌必争之地。北京路不仅承载着这座城市的商业梦想，更记录着岭南文化与现代文明融合发展的历史进程。明清时期，今中山路（旧称惠爱街）是广州旧城东西主干线，南北两边大都是官署衙门（东有府学，西为将军衙门，中有两个总督衙门），是政治中心区。北京路（旧称双门底）则是由城南直通天字码头（官员登陆入城用）的主干道。因此，现在北京路北段与中山四路相连接的丁字形地段，成为当时衙署官僚及其随员、家属居住的集中地段。为适应他们的消费需要，逐渐形成了一个全市的繁华商业中心。目前，这个商业区有四个特色：北京路商业步行街是以中山五路与北京路交叉处为中心向四方伸展的商业集群，东起仓边路，西至广州起义路，北起广东省财厅前，南至大新路，延及高第街一带。从1997年2月8日开始步行街逢双休日实施准步行，至2002年1月1日实现全日步行。时至今日，前后经过五次扩容的北京路步行街长度已突破千米，成为一条集文化旅游、休闲娱乐、综合商业于一体历史文化商业街区。

## 一、千年中轴·文化核心·城市客厅

北京路地处广州市中心城区，是广州城建之始所在地，亦是广州历史上最繁华的商业集散地。作为"岭南之心、广府源地"，北京路一直是千年商都文脉所在，支撑着这座城市的精神和底蕴。与高楼林立的城市新中轴不同，北京路是广州古代中轴线的核心区，浓缩了广州历史发展的文化底蕴，承载着千年商都的城市记忆，也体现着彰显商都文化自信的时代需求。随着时代变迁，北京路步行街也历经着岁月的沧桑。

历史水系消失：大部分水系或已经淤塞，或入地盖板改为道路，原有水系的线型空间多数已不通畅。

图2-28　玉带濠

城市肌理逐渐改变：20世纪80年代以后，土地置换和大规模旧城改造进一步破坏了城市的物质空间形态，打碎了原有的历史肌理，部分传统街巷慢慢消失，骑楼街巷不再连续成线。

图2-29　广州制高点越秀山航拍

特色街道衰败：特色街道两侧的商业多为小规模的店铺，主要为服装、皮革和日用百货等低档商品的批发零售场所，两侧界面参差不齐，骑楼界面不连续，建筑老化、基础设施不足，环境卫生恶化，传统特色街巷逐渐衰败。

第二章 商业街的成功开发之道

图2-30 20世纪50年代北京路

北京路文化旅游区作为国家AAAA级旅游景区，是广州古代传统中轴线上的重要区域，也是广州两千多年历史中未曾变更的城市中心。借助2017年在广州举办的《财富》全球论坛的契机，这一项工作将成为擦亮广州"千年古城、美在花城、食在广州"的城市名片。本书作者之一的张伟博士有幸作为"广州传统中轴线提升"项目的总规划师，全程投入到了传统中轴线提升工作。以广州近代传统中轴线为轴心，辐射北京路古代传统中轴线、宗教文化轴线等区域，通过文化引领、功能置换、空间优化、产业升级、商旅文融合等手段，将传统中轴线区域打造成广州城市历史文化客厅的一项重要工作。

图2-31 北京路步行街核心商圈提升规划

规划主旨为北京路核心商圈提升区总面积达35.76hm$^2$，总长约1740m，项目依据区位分布、业态现状等因素可分为北京北、北京中、惠福路美食花街三大片区，分别对应"历史悠久、繁荣商贸、食在广州"三大主题。根据"精确定位、有的放矢、连珠成串、长短兼顾"的原则,通过动线梳理、建筑整饰、景观提质、业态整合等多方位、全视角提升,致力于将北京路核心商圈打造成广州城市历史文化客厅,擦亮千年商都传统中轴的城市名片。

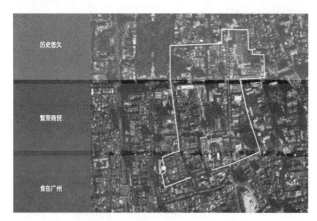

图2-32　北京路步行街核心商圈提升规划三大主题

建筑方面,对北京北段最具地域特色的骑楼建筑进行整饰。遵循"修旧如新"的原则,尊重现状建筑风格,恢复建筑原有构成比例;分析街区色彩构成,形成主色和辅色色谱,对个别现状较差的建筑进行色彩协调。在建筑界面上呼唤广府文化城市记忆。

图2-33　岭南骑楼特色的北京北路步行街

北京北路以岭南地域特色的骑楼为载体,以太平馆、美利权冰室等传统老字号为代表,保留新华书店、科技书店等特色店铺,重点改造新大新百货等旧式商厦,以历史悠久的文化传承定位街区整体风貌,以传统形象保存老广州的历史文化记忆。

## 第二章　商业街的成功开发之道

图2-34　商贾特色繁华的北京中路步行街

北京中路是现今商贸最繁华的地段，现代商业气氛浓厚，该段遵循以市场为主导的原则，业态以快时尚为主体，大型时尚品牌旗舰店进驻，穿插网红餐饮的服务，迎合大众消费需求。

惠福路美食花街以美食业态为主打，打造以广府美食为特色的美食步行街，从业态角度，丰富北京路的整体业态结构。

自北向南连珠成串的节点打造，使原本分散、拥挤的空间格局得以系列化的发展，形成时间的连续性和空间叙事性，为以单一购物为主导的商圈注入历史文化因子，体现出人文关怀。针对文化核心区的特色主题不明晰，通过串珠成链完善空间序列的连续性。

## 二、从曲折消极到线性舒适的景观大道动线规划

广州建城之初就有北京路，至今已有2000多年历史。根据史料和专家考证，北京路周边聚集了千年御苑、千年船台、千年古道、千年水闸、千年古寺等5个千年以上、极具历史文化价值的文物古迹，成为中外游客游览广州必到之地。在新的提升规划中将空间序列从碎片化到连续化的中轴空间序列，北京路自北向南形成连续的线性空间，但由于地铁一号线横贯其中段，于是在中山五路与北京路的交接口形成了北京北路和北京中路两个截然不同的城市空间格局，出现了北京北路人流罕至、无人问津的尴尬境地，更造成了历史文化界面的分裂、街道线性空间的阻隔以及商业资源的极大浪费。针对这一现象，采用强化叙事路线的主题性策略。分段主题策划、提亮历史节点、增设主题展馆、注入新的活力节点、增强街区开放性、活力街区从功能单一到多元复合的活力街区；景观大道从曲折消极到线性舒适的景观大道。

沿线景观提升岭南特色绿化、街道立面整饰和优化品质空间、塑造国际化品质的公共

空间；增设街头绿地、慢行路径串联、城市家具及夜景灯光营造。景观方面，重点打造财厅前广场、千年古道、铜壶滴漏、大佛寺北广场、美食花街等景观节点。

图2-35　千年古道遗址的更新打造

图2-36　铜壶滴漏景观节点

图2-37　大佛寺北广场的城市客厅营造

第二章　商业街的成功开发之道

图2-38　广府美食为特色业态的惠福路美食花街

## 三、重构历史底蕴业态，重塑商旅区吸引力

北京路浓缩了广州2200年文化底蕴，从闺巷深藏到传承展示的不断代、不迁址的历史底蕴。

商业文化业态特色一是店铺众多，规模大，经营样式齐全；二是百货、服装业十分发达，国产、进口商品种类齐全；三是以经营图书、文化用品出名。区内有文德路文化街，有经营文房四宝的老字号三多轩文化用品商店，有全市最大的文化用品零售商店文一文化用品公司，有百年老店新以泰体育用品商店；四是具有浓郁的现代商业色彩。针对以上四大特色，在对业态的重塑和管理中，通过主题定位和动线梳理，对现状业态进行引导式整合和扩充。

## 四、繁华如昔，见证千年激荡开放史

北京路地处广州市中心，是广州城建之始所在地，是历史上最繁华的商业集散地。根据史料和专家考证，目前，北京路、教育路和西湖路周边区域已有或已建成及挖出的历史文化遗址有：秦番禺城遗址、秦汉造船工地遗址、西汉南越国宫署遗址、唐清海军楼遗址、南汉御花园、明大佛寺、明城隍庙、明清大南门遗址、清庐江书院、广州起义纪念馆等十多个朝代的十多个具有较高历史文化价值的文物古迹。现今，这一区域虽历经十多个朝代及两千多年的沧桑，但其中心地位始终没有改变，这一奇特现象，不仅创造了国内外城市建设中罕见的历史景观，同时也造就了这块神奇土地灿烂无比的历史文化。改革开放之后，北京路更汇集了广州百货大厦、新大新公司等市级大百货商店以及一批著名的时装商场。似乎也明显地代表广州这个城市起起伏伏的变化。历史上北京路是条"官"路，南接天字码头，北连广府权力中心。北京路四度易名，不管是双门底路、永清路、永汉路、汉民路，还是现今的北京路，每次更名都与政治运动紧密相关，均反映为政当局的价值诉求。短短的一条北京路步行街区，缩影着广州城千年发展史、见证千年激荡开放史！

# 第三章

# 商业街的运营管理

第一节 商业街管理机构
第二节 商业街招商管理
第三节 商业街日常经营管理内容
第四节 商业街后期经营的关键要求

商业街运营管理的目的是要通过科学、有效的管理和有针对性的专业服务，形成"统一形象、统一宣传、统一促销、统一服务、统一招商、统一管理、统一协调"七个统一，使步行商业街区树立良好的品牌形象和信誉，提高经营者的经营管理水平，形成 1+1>2 的整体合力，创造街区最大的竞争优势和顾客满意度，提升每个经营者的销售业绩。

# 第一节　商业街管理机构

## 一、商业街管理机构

商业街管理机构对商业街内的市容环境卫生与绿化、公共秩序与交通安全、公共设施、商业经营等实施日常监督管理，进入商业街的单位和个人应当服从商业街管理机构的管理。

商业街管理机构应对各职能主管部门在商业街内执行公务予以协助。

商业街范围内的座凳、花坛、雕塑、景观小品、公共厕所、垃圾站及未归口主管部门管理的其他公共设施，由管理机构负责或协调管理和维护。

商业街管理机构执行管理职能时应秉承"公开、公正、公平"的办事原则，提高工作效率，维护管理当事人的合法权益。

## 二、经营者大会

由全体投资业主和经营户组成，每年召开 1～2 次，讨论通过重大决策，推选商业管理委员会主任和成员，并对商业管理委员会工作进行监督。

## 三、商业管理委员会

### 1. 委员组成

由投资业主代表、经营者代表组成，人数 15～20 人，每年选举一次，可以连任，委员均为义务工作,委员会 1～2 个月召开一次会议以少数服从多数表决;副主任由商管公司总经理兼任。

### 2. 主要职责

（1）讨论通过商业管理方案、经营管理规章制度。
（2）督监各经营者的经营行为,检举违规行为,进行行业自律。
（3）讨论通过年度和阶段宣传促销计划和方案。
（4）监督宣传促销费用的使用。
（5）监督经营管理公司的工作。
（6）反映经营管理中的问题和建议。

## 四、经营管理公司

（1）行政部:负责商业运营管理、政策关系协调,行政后勤服务等。
（2）招商部:负责品牌招商与厂商谈判、组织参加展销会、订货会等。
（3）企划部:负责广告策划、营销策划、展示设计、宣传促销、刊物编辑、会员制、销售协助、经营分析、信息服务、品牌专案服务等。
（4）督导部:负责建立商业街经营管理规章制度,对经营者经营行为进行督查、奖惩以及教育辅导、负责处理顾客投诉、租户调整等。
（5）财务部:负责统一收费、财务分析、财务管理等。
（6）虚拟经营部:负责品牌后产品生产和品牌资源开发等。
（7）物业中心:负责物业管理、环境维护等。

# 第二节　商业街招商管理

招商是商业街运营管理的关键环节,本章设专节简要介绍。

# 一、商业街的定位

定位是商业街招商的基础，根据项目定位选择与之相匹配的业态组合，之后才进入有目的的招商工作。

## 1. 商业街的商业主题

即商业街应该具有独特的商业经营的主要脉络和指导思想。

例如以"中档品牌，大众服务"为经营方针的西单商场，经过二十年的经营，形成了一套完整的"平民消费"模式的管理理念，调查显示，在此消费的北京市本地人占消费总量的74%，而境外人士占了26%。

与西单不同的是定位于"为欧洲人服务"的北京秀水服装一条街，它的管理委员会根据其特殊的定位制定了一整套有特色的服务管理条款，成为北京专业性商业街中经久不衰的特色商业街，调查显示，在秀水街交易的客户，87%来自东欧，11%来自中东，2%来自世界各地。

## 2. 商业街的社会主题

即商业街所承载的社会责任和应具有的非购物的功能，商业街是城市形象的代表，消费者或游客观商业街，即可知城市之容、之貌、之风、之魂。

例如，广州北京路商业步行街定位为"古城商都"，以该步行街为核心向周边地区辐射，结合周围的文物古迹和珠江滨水景观，发展成为一个集购物、游览、休闲、观赏于一体的多功能商业区，体现完整的历史脉络和现代商业气息。

又如北京前门的大栅栏商业街，根据其业态齐全、商品种类繁多、老字号店多、历史文化色彩浓厚以及客流多以购物、休闲、观光、娱乐为主的特性，将项目定位于"商业、旅游、文化"的一体化上。

● 案例：某商业街的定位启示录　　　　　　　表3-1

| | |
|---|---|
| 项目选址 | 该项目周边具备成熟的商业环境 |
| 竞争对手 | 周边有一SHOPPING MALL形式的广场、大型外资超市、小商品市场、特色商业百脑汇、老牌百货商场等 |
| 市场调查 | 该区域大型百货商业出现严重的供给过剩；<br>特色专业型、主题型商铺投资热潮渐起；<br>项目邻近使馆区，已形成国际化的生活氛围；<br>该区域外资企业数量众多； |

## 第三章 商业街的运营管理

续表

| | |
|---|---|
| 发现商机 | 以经营国外商品为主的商业形式将会受到该项目乃至周边居住和生活的众多外籍人士的欢迎；<br>能够弥补该区域商圈传统商业功能的空白点；<br>居住在该区域的外籍人士数量呈现增长趋势； |
| 确定目标客户 | 在中国居住及进行商务、旅游等外籍人士 |
| 进行项目定位 | "国际商品街"：以经营国外商品为主，充满异国商业特色的商业街 |
| 商业街布局 | 餐饮类：西餐店、快餐店、酒吧、咖啡店、面包店等<br>杂货类：老外普遍喜欢和常用的一些日用品、工具等杂货店<br>食品类：红酒、雪茄等<br>保健品类：药店、护肤用品店等<br>宠物用品类：猫、狗粮及用品店<br>休闲类：体育、运动、休闲用品店、网球、高尔夫用品专卖店等 |

## 二、选择最佳业态组合

商圈里业态越丰富，商圈经济也就越成熟，各业态根据商圈的特点，可以做到资源共享、优势互补。同样在商业街这样一个完整的生态系统内部，各业态也应相互补充、协调发展，这样才能凝聚各业态的闪光点以强化和突显商业街的整体定位。一般来说，商业街的行业结构呈现"三足鼎立"状：具备购物功能的占40%，具备餐饮功能的占30%，具备休闲娱乐功能的占30%。当然，这个结构并非放之四海而皆准的"经典定律"，主题不同的商业街在业态构成上将会形成不同的比重。

但是，在业态组合方面必须有主次之分，如北京西单，仅靠庄胜崇光百货和时代广场两个明星店铺，是支撑不了一条街的整体开发的；又如北京东直门内餐饮一条街，是由223家不同风味、不同流派、不同规模的餐饮店，在1500m长的地段内有序排列组合而成，这些都不是一个店所能作为的。

通常商业街的组成是以大型百货商店、专卖店、购物中心、大型综合超市为主，普通超市、便利店等作为丰富商业街的补充形式出现。应该注意的是，信誉和口碑是商业街长期发展的依托，引入的品牌商品必须要保证真实性。

### 案例：商业街业态组合示范　　　　　　　　　　　表3-2

| 北京大栅栏300m步行街业态组合 | | 前门大街商业业态组合 | |
|---|---|---|---|
| 业态类别 | 数量 | 业态类别 | 数量 |
| 玉器、工艺品、旅游纪念品商店 | 9 | 皮货店 | 20 |
| 购物中心、商场 | 7 | 服装专卖 | 20 |
| 书店 | 1 | 钟表眼镜 | 12 |
| 钟表眼镜 | 4 | 药房 | 7 |
| 茶庄 | 4 | 自行车专卖 | 1 |
| 药店 | 2 | 手机专卖 | 11 |
| 服装、鞋、帽专卖店 | 9 | 书店 | 3 |
| 绸缎 | 2 | 饭店 | 11 |
| 旅馆 | 6 | 照相馆 | 3 |
| 俱乐部、电影院、剧场 | 3 | 茶庄 | 2 |

## 三、商业街的招商策略

招商策略是实现商业街赢利的重要步骤，也是实现商业街理想业态组合的真正执行者。与其他商业物业的营销策略有所不同的是，商业街的招商工作不能是被动的接受客户购买商铺，还要对入驻商家的信誉、经营管理、商品质量、公司经营状况等方面的内容进行考察。

### 1. 确定招商对象

招商对象的确定围绕项目的目标来确定，例如命名为"国际商业街"，或者是代表城市形象的商业街等档次比较高的项目，一般都是引进国内外有影响、有实力的商业机构作为经营管理的合作对象，招商的重点对象为实力强的大规模商业机构、营销经验丰富的地区代理商、知名企业、知名品牌等。

还可以通过特殊项目的引入丰富商业街的功能，塑造项目的独特性。例如品牌在本区域独家经营的优先引进，拥有特色经营项目的商业机构优先引进。某商业街曾引进心理诊所、企业家沙龙、刺绣、宠物托管、老公寄存处等特色服务机构。

## 2. 确定经营模式

投资经营：是指商铺业主购买商铺后自己直接经营。

委托经营：是指商铺业主出于保险起见，将商铺委托商管公司租出去，让别人经营。

租赁经营：是指经营业主一时买不起商铺，以租赁的形式进行租赁经营。

直接经营：某些商管公司将直接经营管理大约20%的营业面积，避免因全部他营造成失控的应变举措。

虚拟经营：是指以商业街为总品牌商标，与若干个研发机构、生产厂家和经销商进行对接，开发、生产、销售相应的该商业街旗下的子产品。

## 3. 制定招商优惠策略

根据地区政府对商业街的扶持政策确定可以给予招商对象的优惠措施，对于一些新兴的没有天然地理、人文等资源的商业街来说，这一优惠措施对吸引人气有莫大的帮助。

## 4. 招商流程

（1）市场调研和目标客户分析（招商部）。

（2）客户招商月计划实施（招商部）。

（3）客户招商周计划（招商主管）。

（4）客户信息归档完善、招商资料准备就绪（行政部）。

（5）目标客户开发，拜访、接洽（招商主管）。

（6）客户分类、确定重点客户（招商部）。

（7）填写招商意向表（招商部、客户）。

（8）客户资格考察、评估核准（招商部）。

（9）确定合作对象、签订招商意向书、交纳定金（招商部、则务部、客户）。

（10）与客户沟通、谈判、方案修改与认可（招商主管、对口部门）。

（11）招商协议正式签订（招商部、总经理室、客户）。

（12）提供装修方案及电脑效果图（客户）。

（13）提供租赁面积认定书、租赁许可证和装修入场证（总经理室、物业中心）。

（14）进行装修、备货、上柜、营业（客户）。

## 第三节　商业街日常经营管理内容

### 一、商业街形象管理

对商业街进行统一的形象（CIS）策划和管理，以确保商业街良好形象和信誉。

（1）理念设计（MI）：发展目标，经营定位、商街理念、广告宣传语等。

（2）行为设计（BI）：经营守则、店员仪容仪表、着装规范、礼貌用语、行为规范等。

（3）视觉设计（VI）：标准色、店标、店旗、胸牌、包装袋、印刷品、办公用品等。

### 二、销售现场管理

对销售现场进行统一、有序、科学的管理，确保良好、美观的销境和秩序。

（1）店铺装潢：遵循中国女人街的统一规定和要求，不得随意装修，应维持商业街的整体形象。

（2）货架使用：统一使用较为高档和美观的开架式货架，并按规定摆放。

（3）商品陈列：按规定对商品进行陈列摆放，不得占用过道和乱堆乱放。

（4）店内广告：店内品牌和商品文选宣传、POP等，按规定设计展示、不得乱贴乱挂。

（5）现场促销：促销活动应遵守商业街的统一规定和要求，不得破坏商业街正常的经营秩序。

### 三、市场营销推广

（1）营销策划：制定商业街整体营销和竞争策略，制定全年和阶段性的市场推广计划。

（2）宣传促销：对商业街进行统一、有效的宣传推广，举办整体和主题促销活动。

（3）品牌演绎：传播品牌故事、品牌时尚、举办品牌推广、时装表演、沙龙等活动。

（4）编印发行街报等印刷品：传播企业文化，传递流行时尚和动人事迹等，并免费赠送给投资业主和顾客。

（5）实施会员制：对顾客实施钻石、金、银卡会员制，以锁定顾客，提高销售额。

(6)资料库行销：建立顾客资料库，开展资料库直效营销。

## 四、商业价格管理

（1）实施统一明码标价。

（2）禁止价格欺诈行为。

（3）不得随意降价促销。

## 五、商品质量管理

（1）进店经营的商品必须是品牌商品，按区域功能定位对接。

（2）进店商品以中、高档为主以确保商品质量。

（3）严禁假冒伪劣产品，假一罚十。

（4）实行商品质量"三包"。

（5）对商品质量进行抽检。

## 六、顾客服务规范

（1）售前服务：提倡主动、微笑和站立服务，但不得争客、抢客。

（2）售中服务：耐心热情介绍，礼貌迎送顾客，但不得强行买卖，严禁与顾客争吵。

（3）投诉处理：设立投诉热线，统一处理顾客投诉，确保顾客满意。

（4）售后服务：质量三包，送货安装跟踪服务等。

## 七、经营指导管理

（1）教育辅导：专家讲习，经营者交流会，店员培训，外出观摩，销售服务与建议等。

（2）销售协助：提供营销策略、宣传展示、商品陈列、店头促销等协助服务。

（3）营业竞赛：奖励优胜的经营者。

（4）经营分析：根据销售报表作汇总，做比较和趋势分析，制定业绩提高政策。

（5）信息服务：为经营者提供国家政策、市场动态、竞争状况等信息服务。

（6）租户调整：通过经营分析，替换不合理或无法继续营运的租赁经营户。

## 八、品牌招商服务

（1）为投资者或租赁经营户提供的品牌厂商引进、选择和对接服务。

（2）代表商场与品牌厂商进行谈判，争取最优的营销方式和经销条件。

（3）代表中国女人街和组织经营者参加各类大型展销会、订货会。

（4）组织经营者到处地参观、考察、学习和旅游。

## 九、政府关系协调

建立与政府各部门的良好关系，争取各部门的配合支持与租金优惠，实行统一交税，使经营者集中精力搞经营，降低经营成本，减少后顾之忧。

## 十、经营性服务

（1）生活服务：提供就餐、休闲、娱乐、客房、租房等方面的服务。

（2）办公服务：提供传真、文印、电子邮件、会议、信件收发、书报订阅等服务。

（3）专案服务：为品牌提供策划设计、陈列展示、广告宣传、市场推广等度身定做服务。

（4）办证服务：为经营者提供必要的工商、税收、许可证办理服务及争取税费优惠。

（5）贷款服务：协助经营者办理必要的流动资金银行贷款服务。

（6）人事服务：为经营者提供人员招聘、培训、管理、档案等服务。

（7）其他服务：提供经营者所需要的其他服务，为经营者创造最大的方便条件和赢利机会。

## 十一、商业管理收费

（1）物业运营费：按国家有关规定收取，包括保安、环境卫生、物业维护等费用，按建筑面积分摊到户，合计收 1.25 元 /$m^2$ 左右，每年分次预收。

（2）水电空调费：按实际发生费用，依建筑面积分摊到户，每月交纳一次。

（3）经营管理费：包括策划、宣传促销、经营督导、品牌招商，专刊编辑、统一管理等，一般按每户收取，具体由商业管理委员会讨论通过。

（4）经营服务费：由经营者视需要委托经营管理公司，一般按市场价收费。

## 第四节 商业街后期经营的关键要求

前期的建设只能说是在商业街的长征路上迈出了第一步，后期经营是一个长期的、复杂的过程，但是它决定着一个商业街的发展。能否把商业街做成一个城市的招牌，后期的经营是决定性因素。总结各地商业街成功运营经验，关键是要实现四个转变：

### 一、从企业自己管理到管理外包的转变

从现有商业物业管理队伍中，很少有专业管理人员，而很多物业公司还是开发商旗下分支公司。商业物业要求管理人员对经济、管理特别是零售行业及特许经营行业都具有专业完善的知识，同时从物品储存到清仓促销各个方面都需要有专业人员才能更好地执行，而一旦其中有环节出错，带来的影响将会是不可估量的。外包以其有效降低成本、增强企业的核心竞争力等特性成为越来越多企业采取的一项重要商业措施。开发商应该积极转变观念，利用外包管理的方式将商业物业的管理水平提高，以保证商业街的永续经营。

### 二、由粗放型招商变成统筹规划

招商过程中的混乱和粗放常常给后期经营带来矛盾。很多开发商在招商之前并没有一个很明确的商业规划和招商策划，其认识仍然停留在只要能招到商就一定能保证物业经营提高物业价值的阶段，因此行业中大量存在"为招商而招商"的现象，在地域上全面撒网，在行业上交叉吸收，缺乏通盘的商业组合和商户经营范围部署，其结果必将为后期的经营和管理带来大量隐患。集约经营和互补经营是商业形态中较受欢迎的形式，因此，开发商在进行招商之前，应该对本区域的商业形态进行全面的调查和研究，对消费者的消费能力、消费层次、消费规模进行通盘分析，以顾客为导向，最终确定项目的商业主题，然后对主题的产业链进行分析，以确定在本项目内的商户范畴，然后在招商的过程中遵循严格控制和灵活调整的原则，最大限度地维持项目的利好经营。

### 三、由租售并举，变成纯物业经营

纯销售模式、租售并举、纯物业经营是物业经营模式发展的三个阶段。在商业地产刚

兴起的时候,开发商怀着把钱先装到口袋再说的心理,为了快速套现,通常采取纯销售的模式,但是它明显不能体现出商业物业价值,是商业地产在极不成熟阶段的过渡产物;第二阶段的操作模式中开发商根据前期制定的销售比例和招商情况进行二度调控,划定销售范围,并明确经营范围和法律手续,同时,对于大部分物业仍然采取出租模式,以便在资金回收相对平衡的条件下保持物业的持续经营,开发商能够通过产权出售和租金收益来双重获取利润。第三阶段是商业地产发展到较为成熟阶段的必然产物,在欧美国家采用较多,开发商在物业前期依靠合理的商业运作,获取稳定的租金收益,经过若干年的正常经营,或包装上市或通过资产评估而获得金融机构的贷款,或将部分产权出售以套现,但此阶段的售价已经远远高于物业经营前期的价格了。

租售并举是目前中国大部分开发商运用的经营模式,应该说,在现阶段的经济环境和城市发展情况下,这种操作模式较为灵活而且能更好地满足开发商的利润获取要求。但是它也存在一定弊端,因为在租售比例的控制上,很多开发商往往把握不住火候,通常来说租售比例应该控制在7∶3之内才能较好地维持资金回笼和持续物业经营,如果出售的比例太高,而且投资成分太大,经过混乱的易手后,将会造成商业形态无法统一协调,由此影响商铺的入驻率,这样不仅使业主的产业无力增值,同时也使出租能力下降,从而使项目难以稳定经营。因此,中国的商业地产开发者和经营者为了发展必将不断地提高自己的商业运作能力,从而使纯物业经营模式成为可能,因为这种模式最重要的在于前期的商业运作,只有这个阶段成功了,后续的经营才能维系,并在经营增值后才会由于有多种处理方式而使抗风险能力明显提高,这是商业地产成熟的表现,也是商业街发展的必然趋势。

## 四、在收益上由静态收益变成动态收益

商业地产的赢利模式总体而言是"通过物业资源创造价值,借助商家资源实现价值"。在商业地产的价值链中,高端商业供应链的增值由房地产开发商实现,中端商业管理供应链的增值由商业经营管理公司实现,终端商品销售链的增值由商家实现。因此,物业资源的升值,就成为商业地产项目租售环节的重要增值手段。在目前的商业地产中,开发商为了尽快回笼资金,减少资金压力,因此非常重视销售,并以此作为主要的赢利模式。这种追求销售以快速回笼资金而忽视项目长远持续经营和发展的收益模式被称为静态收益,因为它只在销售过程中获取一次性收益,由此失去了物业价值;而与之相对应的主要依靠物业经营营造出良好商业氛围从而使项目持续获得物业价值的收益模式为动态收益,这种模式虽然资金回笼慢,但是它却既保持了项目的土地价值增值,同时又能持续地获得物业价值收益。只有这种赢利方式才更能促进区域经济发展和开发商的稳定收益。

# 第四章 04

# 步行街成功运营范例

一、商业地产的概念

二、商业地产与住宅地产的区别

三、商业地产的分类形式

四、商业地产基本术语

五、商业地产的发展背景、特征及现状

六、开发商入门的五大必备条件

# 范例1：郑州香江步行街推广策划

## 第一篇　市场篇

### 一、市场分析

#### （一）环境分析

**1. 优势**

（1）政策宽松，政府支持。

（2）无商业经营业态竞争。

（3）商业的成长空间大，后期回报远远超过前期培育市场的投资。

**2. 劣势**

（1）非成熟社区，商业基础条件不足。

（2）市政发展与商业发展几乎同步，拉动市场能力不足。

结论：精心设计推广计划，逐步培育市场，后期要求高额回报。

#### （二）商业要素

（1）物业结构：有特色，包容各类商业经营业态入驻。

（2）供应商组织：市场充足，可供选择的空间较大。

（3）定位分析：有较大的空间，从功能性的服务到"一站式"消费服务定位。

（4）业态分析：区域内无可比性，易形成特色业态，成长为多业态复合。

### 二、目标市场分析

目标市场分为两类，一是经营者分为商铺的产权者（投资者）和商品的经营者；二是目标消费者。

#### 1. 商铺的产权者（投资者）和商品经营者

（1）产权者基于以下原因对本案物业商铺产权有渴望：

①投资者：目的为获得高于银行存款利率的回报。

②经营者：看好本物业发展，为获得竞争优势，降低长期经营成本。

③融资者：目的以寻求固定资产升值为前提，保持长期融资通道。

④消化不良收入者：目的是通过投资获得正当的收入。

（2）商品的经营者分析。经营者多数以看好开发商背景、项目的前景以及当前低市进入利益诱惑为前提，大多数源于以下几个方面：

①成熟品牌代理者。为更多的占领市场，不放弃任何一个成长的商业市场，该类经营者占总经营者中的30%。

②新入市品牌或市场占有率较小的品牌经营者。成熟商业空间小，市场容量有限，新品牌或弱势品牌为降低风险，需要选择最低的进入成本。该类经营者约为60%。

③有区域优势经营者。有特定的优惠政策，在该项目有一定的释放空间，该类经营者约为10%。

## 2. 目标消费者

目标消费者的形成需要有一个漫长的培育、发展的过程，主要是通过项目本身的经营特色、地段优势来逐步培育起来，依本案规划，目标消费者分为五类。

（1）时尚一族。寻求个性化的体现，对消费过程有较高的体验要求，对商业环境有个性需求。

（2）白领阶层。讲究生活的便捷与品质。

（3）有车人士。扩大了生活空间，寻求安逸的购物消费环境，避开过分的喧哗。

（4）品牌的追求者。在这里希望能得到更加实惠的品牌商品价格。

（5）寻求方便的人士。就近消费，为了方便而成为消费者。

# 三、同类物业比较

截止到2003年9月，在郑州市与本案具有相似经营风格的物业有以下几处：A、"天下城"步行商业街；B、"德化街"步行街；C、汇龙城休闲购物中心。上述物业与本案比较：

## 1. "天下城"步行商业街

优势：

（1）地理位置优势。

健康路从20世纪90年代中期就成为郑州市最著名的服装商业街之一，曾吸引了郑州众多的时尚消费者和品牌的追随者。虽然近几年有下降趋势,但呈现虽衰不败的状态,成熟的环境必然带来成熟的消费。

(2)定位准。

天下城步行商业街以两类经营为主打,一是以休闲品牌服装为主体;二是以休闲娱乐项目经营为主体,这两类项目经营共同之处在于目标消费群体趋于一致,使商品消费具有互补性。

(3)价格政策的杠杆效应好。

目前天下城的门面房价格为最低价:4596元/$m^2$,最高价:13160元/$m^2$,均价为9000元/$m^2$左右,大多数高价在后期成交。租赁价格(B区):内街最低价95元/月·$m^2$,最高价105元/月·$m^2$,外街最低价105元/月·$m^2$,最高价143元/月·$m^2$。整体上看,价格在本物业内有三个特点:一是传统的"低开高走",具有明显的房地产经营手法特征;二是租赁价格反映出培养市场的痕迹;三是因大的区域内无参考标准,且无相同的消费产品,故价格的走势高昂。

(4)品牌效果好,由于"天下城"品牌属新进入市,故"天下城"在前期品牌推广比较恰当,不温不火,注重形象与信誉,保证了整体收益水平的发展。

劣势:

(1)缺少商业核心概念,没有对健康路的主题进行改造,仅仅是档次提高,没有本质提升。

(2)缺少主力店,拉动不了价格空间和人气。

## 2. 德化街步行街

优势:

(1)政府政策强势支持优势。

(2)定位好,填补了郑州市"二七商圈"的空白点。

(3)经营品牌、商品品类繁多,消费者受众面广。

(4)环境、氛围创造得好,商业基础设施厚实。

劣势:

(1)缺少核心概念与主力店支持,单一靠传统"商圈"做支撑,有一定的风险。

(2)经营管理手法单一,沿用传统概念,不利于长期的市场回报。

## 3. 汇龙城休闲购物中心

优势:

(1)地理位置具有很好的优势。

（2）商业概念新。商业消费引导超过传统形式，反映在价格体系上有明显的强势。

（3）有主力店的支撑。对前期运作与后期经营带来极大的市场空间。前期"汇龙城"曾历经四次调整销售及租金价格。第一次，在均价 5000 元 /m² 基础上调整为 5500 元 /m²；第二次在"普马"进入后，整体均价调整到 8000 元 /m²，第三次"百盛"进入后，整体均价调整到 9000 元 /m²，虽然"百盛"撤出，但通过炒作租金价格，提高了销售商铺的均价，达 10500 元 /m²，租金价格上涨了 15%。

劣势：

（1）布局不合理，规划与运营不匹配。

（2）经营上缺乏培育市场的耐性。

# 第二篇　项目篇

# 一、本案优劣势分析

## 1. 优势：

（1）项目所处郑东新区开发中心位置，市场前景看好。

（2）在区间无其他竞争物业，可塑性较强。

（3）土地成本较低，从而销售价格具有竞争力，同时能够保持较好的利润率。

（4）市重点工程，关注程度较高，有政策扶持优势。

（5）项目设计量雄厚，在业界有较强的影响力。

（6）有相当部分人对郑东新区有较强烈的投资热情。

## 2. 劣势：

（1）项目开发周期短，回收资金速度和销售价格等受到影响。

（2）周边物业建设周期和速度不确定性。

（3）远离传统商业中心，人气不足。

（4）物业形态受到限制。

（5）新的大型商业项目开发量的增加，影响销售和招商。

（6）项目整体操盘难度较大，环节因素太多。

（7）交通状况不理想。

项目现有的优势几乎全部是政策性倾向。人们对于整个郑东新区的期望价值涵盖了"香江步行街"项目，同时，大众对于项目的投资热情来源于政策倾斜和巨量的媒体宣传，天时条件成熟。

地利和人和的条件前期尚未呈现出来。以表面现象看市场似乎对项目不利，例如：周边环境、经营者等。

我们认为，商业项目的重要特征在于它的功能性，即投资价值和使用价值，这两个功能是可以同时实现的。因此，商业地产从某些方面讲是生产资料，它的成功与否在于是否能够满足消费者的需求，进而实现投资价值。根据国外的经验和国内的成功项目来看，大的商业项目可以快速聚集人气，但是需要培养。

## 二、物业形态建议

本项目的总体设计是街区形态，是地上三层和地下一层建筑，物业的大小受到其他项目建设的限制，因此，建议如下：

（1）为了满足人流动线的需求，主通道的宽度不能少于5m，保证双向人流的通畅。

（2）物业面积在有可能的情况下做大，以满足不同面积需求的客户。

（3）物业的设计净高不低于4m，保证物业的通透性。

（4）考虑到核心品牌店和大客户的需要，尽可能地创造大面积物业，面积在10000$m^2$以上。

（5）建筑风格不拘泥于单一风格，考虑来自各地风情的建筑风格细节，使建筑本身体现艺术价值，让步行街本身就带有多元文化的观光欣赏性质。

（6）街区内的建筑小品更趋于多元化，观赏性更强。例如：

①世界著名建筑缩影。

②文化长廊。

③世界各民族的风土人情部落。

④典故缩影表达等形式，用于体现文化的东西。

## 三、产品结构分析

（1）项目所要表达的内涵包括：购物、娱乐、休闲、餐饮、文化等因素。郑州现有在经营的德化街和东西大街两条商业街区都在不同程度上出现经营问题，两个项目几乎都是以购物功能作为第一目的，其他服务项目几乎没有，较单一，凝聚力不强，客户的消费水平没有

### 第四章 步行街成功运营范例

完全释放。"香江步行街"项目应着眼加强经营能力,把各个元素恰当地放到步行街中去,形成一个功能完整的业态。

(2)以上两条街区的开发都是由两家以上的开发商共同完成的,相互之间并没有合作互补作用,缺乏统一性。本项目是由一家公司完成,项目操作的连续性和完整性是本项目的优势,要充分利用这一优势。

## 四、产品定位

本项目根据前面市场的分析和需求情况,最终定位为"一站式复合业态"购物休闲中心,面向全市的商业物业竞争。

### 1. 产品元素

"香江步行街"的功能元素包括购物、餐饮、娱乐、休闲、文化和人文等因素。虽然在目前市场上购物是主流,但是除购物外的其他元素恰恰是消费者的需求所在,同时竞争对手少,利润率高。

### 2. 产品结构比例

"香江步行街"的功能构成比例应该表现为1:1的关系。前者是购物功能,这是主流,应该保持50%左右的份额。原因:

(1)错位竞争的需要,避免和传统商业大户的竞争。

(2)保证项目完整性的需要,体现包容性和多样性作为重要的营销手段,从根本上符合"一站式"概念。

### 3. 业态的动态调整

本项目建设初期,服务的覆盖面积可能不会很庞大,相当部分消费群体集中在新区以内。因此,项目建成初期是以区域服务内容为目标。随着"郑东新区"的日益成熟和发展,街区服务的重点开始转移,最终体现我们设定的目标。

## 五、物业管理建议

(1)方案。从功能位置上划分若干个组团,开发企业不参与经营,邀请专业团队进行分段式功能管理。

（2）方案。按行业的不同，请专业团队管理，力争做到专业的事情交给专业的人做。各个行业都做精、做强、做大。

物业经营管理达到的目标是：1+1大于2。

## 六、提高附加值建议

（1）物业主通道宽度之所以要在5m以上是因为公用部分可以促销，现在所有的商场几乎无一例外地利用公用部分做额外促销活动，场地是大家的，管理是自己的，效益是公司的。

（2）带租约销售可以刺激消费者，提高销售价格，同时可以满足投资类客户的特殊要求，提供安全的投资平台和通道。

# 第三篇　市场篇

## 一、招商策略建议

### 1. 租金水平设定

在招商过程中，经营者考虑的诸多因素里面，租金的水平高低会直接影响到招商的结果，因为要在无其他竞争对手和参照物的情况下设定一个相对合理的价格。建议如下：

（1）租金设定调整方法

在项目开始阶段设定一个相对保守的租金值，根据后期的销售情况和招商情况进行调整，最终达到理想水平。这种做法的原则是以在小范围内损失短期租金差价为代价，为整条步行街的价格行情做试探测试。

（2）同类型物业比较法

设定参照系数，根据各项指标的系数情况相加的结果和现有物业的价值比较，得出数据作为参照依据，物业指标情况如下：

①地理位置。

②物业档次。

③交通设施。

④内部硬件设施。

⑤人流。

⑥管理水平。

⑦宣传力度。

## 2. 核心品牌战略

在"香江步行街"如此之大的物业中，核心品牌的入驻和带动作用一定不可以忽视，在招商工作开始时就应该首先考虑这一类客户，同时核心品牌的界定标准有两点：（1）在行业在有感召力。（2）物业面积需求较大。

这一类客户的要求往往都会比较高，会直接影响收益，建议对此类客户的门槛放低，收益损失通过变现或者通过其他小业主的租金收益增长实现。餐饮、娱乐、购物、休闲等业态都需要引进领航店。

## 3. 自营品牌植入

在某些特定条件下某些核心品牌无法进入该项目直营，建议通过买断经营的方式来弥补这一空白点，虽然代价相对较高，但是效益和支撑作用突出，可以通过中期投资经营的方式回收，也可以通过寻找投资经营类客户变现实现赢利，降低资金占用率和风险。

# 二、销售策略建议

定价价格体系会直接影响项目资金回收情况和公司的利润率，是所有前期工作的最终表现形式，建议定价方式如下：

（1）固定收益回收，按照郑州现有市场情况和经验，物业的回报值设定到8%~10%，比较合理，因此，按照租金水平的120倍左右的水平设定价格较为理想。

（2）同类型物业比较法、设定参照值，根据系数推算价格。

参照因素：①地价。

②物业类型。

③硬件设施。

④经济水平。

⑤交通状况。

⑥周边影响因素。

结合该物业特点，建立一房一价原则。

根据产品的特点，结合产品位置，建筑形态，楼层等因素，充分考虑体现物有所值的价格体系。

在价格确立除应考虑静态的性价比外，还应考虑动态的销售执行，价格体系是销售策略的一部分，充分利用动态价格表现形式，保障销售过程均好性清盘，所以动态价格体系制定应结合阶段性市场反馈情况。

保障销售速度：达到预定目标。

实现均衡销售：做到不同时期销售产品的可选择性相等。

## 三、媒体选择和活动

（1）硬广告的投入。

（2）软性广告的撰写。

（3）公益活动。

（4）新闻发布会等活动形式

## 范例2：花垣·边城步行街整合推广策略方案（节选）

## 第一部分　市场判断

根据某年5月的二次调研，以及我们对不同层次、不同行业消费者的了解，我们对项目和消费者市场做出如下判断：

边城步行街的市场关注率非常高，在消费者的心目中属于最好但是也最贵的房子。

消费者市场虽然95%以上都密切关注项目，但是他们对于项目的深入了解知之甚少，所以，项目的独特性和品质感并没有很强烈地反映在消费者的心里，他们所理解的"最好"更大程度上是他们的一种猜测，并没有得以证实。

消费者普遍表示，项目虽然是最好的，自己也很想拥有，但是可能会由于资金的不足而放弃，并且不愿意也不敢贷款，贷款风险很大，对按揭的事情一知半解。

花垣存在着庞大的投资型消费者市场，主要分为灰色收入阶层以及私营闲富阶层，其中部分被吉首和长沙分流，由于经营信心不足，所以门面空置率较高。

最影响消费者购买意向的因素为价格和"项目未来成为城市中心商业区"的人气和运营状况。

项目的市场认知度和美誉度将成为我们今后销售的极大优势，项目的质素和规划等完全展示和公开以后一定能吸引到大批的客户群。

# 第四章 步行街成功运营范例

## 第二部分 商业物业定位

通过对边城步行街项目及其周边市场的调查、研究、分析，我们做出如下定位：

边城·万商汇——倾情体验都市购物休闲娱乐时尚生活。

为花垣城市商业中心。是集商务、商业、购物、娱乐、休闲于一体的"城市中心大商业"，是城市的"商业核心"。是极具投资潜力的"黄金铺"。

——功能定位：集时尚购物、娱乐、休闲为一体的新文化商业城。商业步行街，花垣人真正的休闲购物黄金走廊，休闲购物必选之地。

——功能提供：居住、商贸、饮食、文化娱乐、休闲购物的一站式生活圈。城市大商业，具有极强的包容性，奠定了项目商业部分在全城的领导者地位，从而成为花垣未来城市"商业的发动机，财富的策源地"。

——中心大商业：集住宅、商铺、商业步行街、精品时尚街、美食一条街于一体。中心地段加大商业完美规划，使得项目成为全城商业的核心。农贸市场、大型超市、银行、餐馆、酒楼、茶楼、书店、各类名牌店、学校、医院、邮政等现代生活必需配套，进一步确立商业核心地位。

——一铺富三代：城市商业中心，升值潜力无穷，投资回报巨大。

## 第三部分 整体策略

### 1. 总体思路：重包装，轻推广

县城区域小，消费者群体划分不明显，口碑传播非常有效。

县城人民对于项目的认知度广泛，几乎人人皆知，以后只需在宣传中提高美誉度即可。

推广本身的作用是：告知。是为了吸引到消费者到现场了解情况。而在此项目中，本项目的无须加大推广强度，以造成广告的浪费。

推广最常用的宣传通道，比如：报纸、杂志、电视、电台、网络等均不适合实际情况，最好直邮和户外广告已经非常足够。

据了解，90%以上的消费者对于项目的认知不够深入，而到位的包装恰恰能将项目的档次和品质传达给消费者，以填补其认知空白，直观而感性地在其心目中形成良好印象，同时解决工程滞后所影响的项目展示力。

### 2. 推广主线

形象树立（已经执行）——形象提升——项目全面展示,档次质素卖点——体验式宣传。

理由：

  项目不存在概念推广，不存在预热期，不存在客户积累，每一个销售阶段都是强销。

  项目特殊性（县城、旧城改造），所以不必拐弯抹角，直接点（建设中，销售）对点（投入使用）。

### 3. 推广战术

诉求点不宜太多，以免造成模糊不清，我们认为紧紧抓住以下几点即可：

- 整个项目：造城，城市新商业中心。
- 商业方面：现代商业概念＋2004新创富时代，边城龙头铺，一铺富三代。

### 4. 推广包装手段：（略）
### 5. 推广周期划分：（略）
### 6. 周期推广内容：（略）

## 第四部分　卖点提炼

边城步行街九大气质体现：

（1）政策优势明显。边城步行街有政府的支持，由实力企业鼎力打造。

（2）未来优势彰显。项目位于城市未来的中心，魅力聚焦，城市荣耀。

（3）规模大而完善。占地5万多$m^2$，集高档住宅、购物、娱乐、休闲为一体，边城步行街地，旧貌换新颜。

（4）区域配套完善。商城、步行街、幼儿园、广场、银行、电话亭，便利生活，举步可得。

（5）建筑形式优美。融合了民族文化精髓的现代气派的建筑风格，简洁明快，融合当地气候环境，形成一道亮丽的城市风景线。

（6）创新生活空间。建设街区，创新户型和商铺结构功能，以人为本，充满了浓郁的生活气息、商业氛围及艺术感受。

（7）人文气息浓厚。文化广场、行政中心、步行街，深具根文化，提升了城市南门的区域品味。

（8）得天独厚的环境，小区与休闲步行街环境融会贯通，高绿化率，闹中取静，闲情逸致。

（9）新文化商业圈。随着步行街的启动，商业中心必定转移，完善的交通，配合广场、步行街及大商城，集成一个新的城市商业中心，升值无限，财富无限。

# 第四章 步行街成功运营范例

## 范例 3：深圳东门商业步行街区的运营管理

### 一、项目概况

东门商业步行街区，位于深圳市罗湖区中心地段，北至立新路，南至深南路，东至东门中路，西至新园路，总占地面积 17.6 万 $m^2$。东门商业步行街有茂业百货广场、旺角购物中心、天龙商业城、新鸿基商业中心、中海商业城、罗湖商业中心、中威商业广场、大世界商场、深圳百货广场、九龙城、越港商业中心等众多大型商厦。28 栋现代化大型商厦分布在 15 条主要街道上，总建筑面积达 80 万 $m^2$，日均人流量 30 万人次，年营业额超过 80 亿元。构成了深圳规模最大、商铺最集中、商品经营种类最齐全的商业街区。同时，大大小小的店铺遍布老街，长长的骑楼构成商业长廊，精品店、专卖店也比比皆是。老街已经将深圳最大的消费群体吸引过来，从凌晨到午夜，这里始终是人声鼎沸、万头攒动。是集旅游观光、饮食休闲、购物消费为一体的标志性商业街区。东门商业步行街已经成为深圳商贸业的一面旗帜，素有"购物天堂"的美称。俗话说，"没到东门老街，就不算来过深圳"。

图4-1 深圳东门商业步行街区

### 二、运营管理

东门街道高度重视步行街区的管理建设，在大力发展商业的同时，着力打造"一流的市容环境、一流的治安环境、一流的公共秩序、一流的人文素质"，东门步行街已成为人们耳熟能详的响亮品牌。

图4-2 东门街道已经将深圳最大的消费群体吸引过来

## 1. 设立专门机构加强统一管理

深圳市、罗湖区政府授权东门街道办事处成立了东门商业步行街区管理办公室（以下简称：东管办），依照市政府颁布的《东门商业步行街区管理暂行规定》，对整个商业步行街区的市容环境卫生、公共设施、治安交通秩序、公共物业等具体公共事物进行协调和平常管理，并综合协调公安、城管、执法、交管、工商、环保等各政府职能部门，对步行街区实施统一高效的管理。东管办按照市、区政府高效能管理的要求，本着"服务商家、繁荣东门"的主旨，利用协管员队伍的人员优势和街区现代化摄像监控系统的技术优势，对街区实行24小时监控，重点发挥好"管理"与"服务"两方面的功能，为市民大众、消费者营造一个安全、舒适、整洁的观光、购物环境。

## 2. 诚信为本，促进市场繁荣

促进市场繁荣是商业街区第一要务；诚信交易则是市场繁荣重要保证。为促进东门商圈经济繁荣，东门街道从建立街区管理长效机制入手，加大管理力度，创新管理手段，着力营造街区营商的良好环境，制定《步行街区精神文明公约》《步行街区业主商户手册》等明文公约。同时，东门商会起草了《诚信经营承诺书》，2011年，商会自行发放承诺书592份，签约诚信门店333家。目前，步行街"诚信经营先进单位"有127家，解放路和人民北路两条"诚信经营示范街"已保持8年。近年，"诚信东门"已逐渐成了深圳的名片，各大商家的营业额以年均25%的速度递增。

## 3. 转型为要，提升产业结构

东门步行街区业态齐全，品类繁多，能够满足不同层次消费者的需求。2010年，街道协助罗湖区贸工局对东门商业步行街的业态进行了全面调查，总结优势，分析不足。

面对街区部分空置物业，东门街道主动为商家牵线搭桥，在政策允许范围内，倾斜政府扶持资金，优先美化提升空置物业的市容环境。经过两年努力，街区内的百货广场、鸿展中心、东门町、方海商苑等10000多 $m^2$ 的面积被盘活。对街区餐饮行业，街道加大执法力度，确保食品卫生安全，通过东门商会、妇联、工会等社会群团组织，采取座谈会等方式，规范门店，提升品质。目前，街区餐饮店铺逐渐集中规范，步行街区小食为东门再添特色。

### 4. 自治为基，强化城市管理

东门街道在强化政府公共服务和管理监督的同时，积极探索作为市场主体的企业参与街区市容秩序、环境卫生和交通秩序的管理新模式，在街区1.1万余家商户中推行"商家自治"。通过制定《东门步行街市容秩序环境卫生商厦自治管理检查评分细则》，签订《东门商业步行街区市容秩序环境卫生商厦自治管理责任书》，在商厦管理处设置管理队伍并实行奖优罚劣等措施，有力补充了执法力量。目前，街道已先后与27家商厦管理处签订了责任书，均成立了10人的管理队伍，并由商家代表和街道相关职能部门组成检查小组，每月对管理单位进行检查评比，每季度进行一次综合排名，并进行适当奖励。

### 5. 联合办公和执法，为商家创造经商好环境

东门步行街区实行联合办公和执法，商户足不出"街"办齐手续，真正为商家创造了一个营商好环境。东门街道各职能部门派员，在东门步行街区范围内实行联合办公、联合执法。派驻东门管理办公室参加联合办公、执法的人员，原工作关系、工资待遇和职务仍隶属原单位。这样既没有增加编制，降低了成本，又在东门形成条块结合的管理运作体制。参与部门有公安、交管、工商、环保、技术监督、执法局6个部门。管理模式的突破，为东门发展带来了新的契机。联合执法队伍不定期上街巡视，遇到问题，各司其职。对游客反映最多的噪声污染问题，他们通过调查，查处了20多家违章者。由于各职能部门派员常驻东门，一些靠打游击吃饭的售假、卖黄碟、乱摆卖的没了市场。针对一段时期扒手和小偷较多的情况，东门管理办规定，无论是谁，抓到一名小偷一律奖励100元。实行联合执法以来，东门步行街卖黄碟、小偷小摸、乱张贴等行为杜绝，售假、噪声污染也越来越少。市场秩序有了根本转变。

### 6. 用"互联网+"创新商圈服务与管理

受电子商务崛起的影响，东门步行街各商家的销售额都出现不同程度下降，随之而来的是商铺租赁减少，空铺增多。东门街道及其东管办积极顺应互联网时代潮流，用"互联网+"

创新商圈服务与管理，着力打造"互联网＋"新形势下东门实体商业发展新引擎，促进步行街业态转型升级。推动街区"实体消费"与"虚拟消费"相结合，增强消费"外溢力"。

今天的东门步行街区已实现主要商厦WiFi全覆盖。通过与奇迹智慧网络、辖区四大百货、电信、滴滴及腾讯等企业通力合作，着力推进光纤入户。目前，步行街已铺设智能AP（智能云WiFi）7000台，ibeacon设备12000个，可供5万人同时使用WiFi，新增光纤到户1100余户，新覆盖商厦57栋。步行街还推出了"逛东门"微信公众号作为核心信息平台，消费者可通过该平台获取整个东门的优惠活动信息，并享受购物积分换打车券、停车寻车导航、东门商户分布地图和游玩攻略等配套服务。目前，已有5000余家商户入驻"逛东门"微信公众号平台，注册用户达20余万人，"摇周边"功能使用量达30余万次。此外，通过铺设覆盖整个街区的智能WiFi，让消费者"摇"出附近商家的优惠券或红包并实现微信支付，打造电商与店商融合发展的O2O模式，为市场提供精准的消费需求信息，充分调动街区资源促进消费。太阳百货利用所在地服务平台开展全民摇红包、三屏互动营销活动，销售同比增长12%。为应对街区安全风险管理的难题，罗湖区及东门街道正在结合"智慧商街"建设，邀请专业机构对步行街进行全面系统的风险评估及安全容量测算，并计划以此为依据，借助wifi探针等"智慧商街"硬件设施及其大数据平台，建设全新的步行街"人群聚集区域风险预警系统"，以进一步提高步行街安全管理的专业性、科学性和有效性。

### 7. 不断提高文化品位

经过了数百年的商贾集市，数百年的文化历史积淀，特别是改革开放、深圳经济特区的建立，东门老街已成为万商云集、车水马龙的商业旺区。随着东门步行街区的不断发展和日臻完善，其在商业领域的地位越发重要。东门步行街区已不再是单一的商业街概念，多种功能的相继出现，已扩大、丰富了其内涵。其中有物质的，也有精神的——老街广场的世纪钟、青铜浮雕"东门墟市图"、巨型铜秤雕塑、思月书院、岭南建筑风格的风貌街，这些具有明显历史特征的人文街景，都能给人一种艺术享受，引发怀旧之幽思，而整个街区布局，各种服务性设置，从中又能品尝出"以人为本"的哲学意味。

## 范例4：广州上下九步行街围绕岭南饮食文化成功经营

上下九步行街地处广州市荔湾区（俗称西关）的上九路、下九路、第十甫路之间，是广州市三大传统繁荣商业中心之一。西关上下九路商业繁华，一直以来都是广州的购物天堂，

## 第四章 步行街成功运营范例

并引领着时尚潮流。在漫长的历史长河中,逐步形成了当今商业步行街中西合璧的四大西关风情特色,并构筑成一副独特的、绚丽多姿的西关风情画,营造出亮丽的旅游风景线。早在明、清两代,随着商品经济的发展,西关就形成了著名的商业街。上下九商业步行街1995年9月30日开通,共有各类商业店铺238间和数千商户。1999年经过全面整饰更使它的门面变得流光溢彩。

西关上下九路和第十甫路,不但以商业繁华成为广州的购物天堂,还以浓郁的西关风情扬名海外,这条古老街道至今原原本本地保持着古老骑楼街的岭南建筑风貌。骑楼跨人行道而建,形成一个步行的长廊,特别适应广州多雨和高温日晒的亚热带气候,同时,人行道内的商铺也便于敞开门面,方便顾客。现在大家看到的西关骑楼建筑,就是富有清末民初中西合璧的建筑风格。既有中国特色的满洲窗、女儿墙、栅花、拦河,又有西式的外墙装饰图案和铸铁通花阳台。2001年,为了重现广州繁荣的商业风貌和骑楼建筑风格,市政府斥资3600万元人民币,全面整饰别具岭南风情和西关民俗的上下九路商业步行街,使这条古老而传统的商业街焕发了青春,再度成为了解广州的窗口。

图4-3 广州上下九步行街

步行街自开通以来,经过多年的发展,取得了良好的经济效益和社会效益,1992年被广州市政府命名为"不经销(生产)假冒伪劣商品一条街"、1996年被团中央授予"青年文明号街"称号、1997年被评为"羊城十大旅游美景——西关商廊"、1998年被中宣部、内贸部、国家工商行政管理局和国家技术监督局评为全国十五条"百城万店无假货"活动示范街之一,为广州和荔湾区商贸旅游事业的发展发挥了一定的作用。

## 一、"食在广州,味在西关"的饮食文化风情

步行街内大小食肆数十家,既有百年老店陶陶居,亦有"国家特级酒家"广州酒家,还

聚集了一批经营"西关名小食"的南信甜品店、欧成记面店、西关人家等特色小食店，也集聚了制作广式月饼的著名传统饼店——莲香楼、陶陶居、趣香饼家、广州酒家，每逢中秋佳节，这里出产的各式月饼畅销国内外，以慰游子思乡之情。港、澳、台以及国内外的饮食亦进军步行街，成为传统与现代、民族与国际饮食文化交流的区域，充分体现出"食在广州，味在西关"的饮食文化风情。

这是一个很有吸引力的地方。步行街上布满各中、高级百货公司，有永安百货公司，广州服装店、鹤鸣鞋帽店、大陆钟表店、妇女儿童百货商店、广州纺织商场、锦华床上用品店等老字号。而有趣的是，一些顶级品牌的新货旧款常年在"清仓大热卖"；（琳琅满目的商业街）至于食肆则有清平饭店、皇上皇腊味店、广州酒家、陶陶居酒家、莲香楼、第十甫副食品店等。

此外，还有趣香饼家，茶楼，驰名国内外的文昌鸡、清平鸡、陶陶姜葱鸡，以及姜汁撞奶，双皮奶，欧成记云吞面，伍湛记及第粥，广式月饼，糯米鸡，老婆饼，速冻食品，各式各样的名菜小吃；更有享誉国内外的华林玉器一条街。清平路，既是美食街，又是全国最大的农贸杂市一条街；再说，这里还有为数众多的文化用品商店，专业商场和百货商场等。值得一提的是荔湾广场，有大型商住楼群，一年一度的国际美食节便是在此举办开幕仪式的。

经过全面的修建后，上下九发生了极大的变化。天际线下，高大的建筑群密密匝匝地挤在一起。人们会感受到浓郁的岭南特色：马路两旁的骑楼式建筑保留较为完善；大街小巷西关大屋，麻石街巷依然；马路上新建起 300 多 m 长的大型射灯喷画《羊城景廊》和近百个霓虹招牌灯饰璀璨夺目；加上步行街的巨型霓虹灯牌匾，大型射灯喷画，沿路张挂的 2000 多个灯笼和彩灯……的确为这个大都市平添了几许姿采。一到晚上，在黑夜和霓虹灯衬托下，尤其让人觉得辉煌。

## 二、美食：一街尝尽西关味道

旧时，西关一带就有"百步之内必有小食"的说法。许多风味独特的街头小食，一直流传至今。从长寿路地铁站出来到广州酒家那段，一定要睁大眼睛，在某处你不注意的小街小巷小角落里，都有令你食欲大开的小吃。

历数上下九的美食，有"银记"肠粉；"欧成记"上汤鲜虾云吞面；"伍湛记"的及第粥、鱼皮粥；"广州酒家"的灌汤饺、虾饺、烧卖、萝卜糕；"莲香楼"的莲蓉月饼、鸡仔饼、老婆饼和龙凤结婚礼饼；"陶陶居"的姜葱鸡、奶黄包；"南信"的双皮奶、姜撞奶和牛三星；"林林"的牛杂和猪红汤……

在数以百计的西关小食中,公认是名牌的有 20 多种,其中有 10 种还被评为"中华名小吃",如:南信甜品专家的"南信双皮奶"和"南信姜撞奶",欧成记面食的"上汤鲜虾云吞",伍湛记粥品的"伍湛记及第粥",莲香楼的"老婆饼",银记的豉油牛肉肠等。

图4-4　步行街上的雕像

## 三、叹早茶,享粤式点心

住在附近的老广州,平日里有空总要一家大小或约上三五知己到广州酒家、陶陶居这些老字号饮早茶,享受最正宗的粤式点心。

年轻人们则没那么讲究,随处可见的老摊老铺到处都可觅得美食,没有桌子椅子,当街一站,或边吃边逛,一样吃得心满意足。颇负盛名的"林林"牛杂店,店面才两三平方米,一锅锅热气腾腾的萝卜牛杂正煮得"咕噜咕噜"响,看铺的阿姨递过一碗满满的萝卜牛杂,再加上海鲜酱、蒜蓉酱、辣酱、自制的酸萝卜粒,往旁边一站就吃开了,吃得热汗淋漓,却又在浓郁的香味中无限满足。林林的萝卜牛杂用料看起来不大精致,但萝卜块头不大,入味许多,牛腩味足,十分抵食。

吃了咸的东西后,该让清甜的甜品润泽一下味蕾了。有 60 年历史的南信甜品店,"南信双皮奶"饮誉广州。所谓"双皮",是因为在制作时选用优质水牛鲜奶隔水煲滚,然后速注碗中凉冻,碗面便张起一层奶皮;再在奶皮上戳一小孔把鲜奶倒出,混以适量鲜鸡蛋白,再从小孔注入碗中隔水炖熟,碗中鲜奶又形成另一层皮,故为"双皮奶"。南信双皮奶,奶香扑鼻、状似琼浆、口感滑嫩,不少食客不怕路远,专门来此品尝。

## 四、传统现代，任君选择

除了西关传统小吃，在荔湾广场旁的名汇中华小吃街，还可以吃到韩国、日本料理以及全国各地的名小吃。路边林立的小吃铺子，烤鸡腿、铁板鱿鱼……无时无刻不吸引着人们的食欲。不远处还有仙踪林、真功夫、必胜客、麦当劳、萨利亚意式餐厅等。

## 范例5：社区商业街的运营管理

社区商业是一种以社区范围内的居民为服务对象，以便民、利民，满足和促进居民综合消费为目标的属地型商业。因此社区商业具有稳定的市场基础，并将随着居民收入水平的提高得到更大的发展。社区商业所提供的服务主要是社区居民需要的日常生活服务，这些服务具有经常性、便利性的特点。我国的社区商业还处于起步阶段，这种商业形式是自然形成的缺乏统一规划，业态档次普遍较低，社区商业功能不全。随着房地产业的发展，特别是商业房地产的逐渐成熟，社区商业得到了巨大的进步。国内出现了一大批"购物中心"、"生活广场"、"娱乐休闲一条街"等众多社区商业项目。国内的社区商业设施正朝着成为一种综合建筑、景观、空间、声音的体验式场所，一种为社区居民创造的拥挤热闹的场所方向发展。总的来说目前国内的社区商业普遍带有浓厚的住宅底商特点，与国外成熟的社区商业模式相比还有很大差距。

图4-5　社区商业街

## 一、配置位置

商业布局有两种——分散式和集中式。分散式商业往往是沿街线型展开，商业街主要分布在步行线和交通线上。它带来的问题很多，如人车混杂、交通拥堵、嘈杂扰民、乱停车、安全性差等。在国外，社区商业往往采用内街式集中商业布局，如上海新天地的成功借鉴。这种商业布局与住宅相对分离，将所有的污染、噪声都集中在一起，公共设施也可集中使用和有利于管理，对居民正常生活干扰不大。

对于分期开发的大型楼盘，集中商业应该设置在项目哪个区位？如果放置在项目的核心位置，有利于建成后居民商业活动的展开。但在初始阶段，内置的商业街往往人气不旺。而将商业街放置在边缘，又会影响后期居民购物的便利性。从服务范围说，最好是在居民步行不超过500m的距离内（实现在步行5~8分钟的半径范围内），如果超过这个距离，人就会觉得比较远，走起来比较累。因此，对一些规模较大的社区，除集中商业（80%）外，还要在商业服务半径范围内，做一些分散式（20%）的辅助商业配置，如美容美发、便利店等，让居民可在集中商业区购物、消费的同时，还满足日常需要。

## 二、规划定位及招商

社区商业的经营结构，一般按照购物40%、餐饮30%和其他服务30%的比例进行设置。不同社区可根据离商业中心、专业街及大型综合超市的远近、社区的空间形态、交通网络状况以及社区居民消费层次等因素有所差异。

为使商业街更具活力，招商原则应避免同业竞争，促成互补经营。当然，这样做需要考虑不同业态的商业特点，比如超市、胶卷冲洗店、音响、洗衣店无需重复，而美容美发、餐饮则可根据档次、特色为居民提供多种选择。但究竟需要多少家、何种档次，则由社区所处区位和社区档次决定。

## 三、经营模式

商业街采用店铺出售方式的弊端：购买商铺的小业主多数并非商业经营者，其购买商铺的目的就是伺机高价抛售或租赁给出价高的商家，并不考虑后者的品牌实力、服务内容是否与市场需求和社区品位对应。在遭遇投机心态下的短期行为后，常常会出现经营无序的后果，使社区商业徘徊在低品位无序的状态下，不利于提升社区品质和形象。

越来越多的开发商意识到社区商业不能放任自流，不但要经营出特色，还要靠其提升社区品质，谋求更长久的商业价值和打造品牌形象。社区商业街的建设对小区的形象、配套和人气、一期客户的服务是很好的补充，尤其当住宅无法表现社区形象时，商业街可以展示社区公众形象、品牌和服务，更可以展现出社区的品质。

所以，社区商业经营要达到提升社区品质和形象、整合提升房地产企业品牌、形成良好口碑乘数效应的目的，统一规划、集中管理是必要条件，放水养鱼（先租后售）或只租不售是充分条件,而必须淘汰为追求资金快速回笼的提前销售。

## 1. 放水养鱼、先租后售

"放水养鱼":可先在公司(集团)层面发起"优质社区商业联盟",把有益于发展社区商业的商家(包括投资者与品牌经营商家)组织起来,签署框架合作协议(借鉴订单商业地产经营模式)。再根据各项目规模、位置及业主的消费能力与消费特点,进行定点、定向招商,确定同类业态原则上只允许2~3家,从而避免恶性竞争,并对经营者的品牌、商铺外装修风格有一定要求。"先租后售":即通过先期"放水养鱼"将适合社区品质和业主需要的商家或业种引进来,引导社区商业走上合理化发展轨道后,再出售社区商铺。先租后售,可将不合适的经营者排除在外,以保证社区商业沿前期规划的思路良性发展,在提升租金的同时保证后期销售的增值性,形成开发商、投资商和经营商家三赢的局面。

## 2. 优良资产、只租不售

任何行业的发展都有其发展周期,不可能一直快速发展,也不可能一直萎靡不振。而企业经营战略的上策是在行业或企业快速发展的黄金时期,有魄力囤积一些优良资产,以获得长期收益,保证低谷时期的平稳过渡和回升时期的快速响应。由于房地产行业的特殊性和土地资源的稀缺性,这种开发与经营相结合模式的优势正在得以显现。如香港置地、新鸿基就是非常典型的开发与经营相结合的企业运行模式。

随着城市居民生活水平的提高和城市住宅郊区化的发展,社区商业绝对是不亚于位于城市中心购物广场二、三层的优质资产。社区商业作为企业的优良资产只租不售,不仅可以保证社区商业的良性循环发展,对提升企业品牌和项目口碑具有不可低估的效果(完整的社区商业规划和经营控制,带动的不仅仅是项目首期商铺的销售或租金上扬,更为大盘开发的二期、三期以及企业开发的其他项目社区商业规划与招商的顺利进行打下基础,同时对住宅销售有非常好的互动促进作用),还能为企业带来不断增值、稳定的现金流,随着优质资产的积累为企业上市融资提供了必要条件。

但如何决策采取先租后售或只租不售呢?可把目前销售能获得的收入视为投资支出,自己购买这些社区商业以获得长期收益,以动态投资测算,把后期12~15年(实际收益年限不会低于35年)的收益折现到目前,考察净现值(NPV)是否大于零,同时测算内部收益率(IRR),若大于公司投资其他项目的机会内部收益率,则应保留物业,反之,应采取先租后售。当然,决策时不能忽视只租不售方式所带来的其他边际效益(如前所述),应结合企业发展战略综合决策。

## 第四章 步行街成功运营范例

## 四、成功个案

### 1. 珠江帝景欧洲风情商业街

10万 m² 的欧洲风情商业街全部是商铺,分6个区,定位是步行街,在建筑形式上引进了风雨连廊。无论是租或售,开发商都已经预先规划好了经营业态,并在合同之中加以严格界定,坚持统一经营的原则,以形成独具特色的商业文化氛围,从而为经营者和投资者打造一个良好的经营环境。

### 2. 上海梅川路祥和休闲商业街

开发商专门成立了一家公司,为其开发的商业街开展招商和管理工作。该商业街经营面积共有5万 m²,共有数十家企业进驻,餐饮特色突出,已经成为上海梅川路区域的一大亮点。商业街形成餐饮特色主要与周边业态有关:在其周边一公里内共有迈德龙、欧倍德、红星美凯龙等多个大型超市,因此开发商从商业街的长期发展出发,将餐饮企业作为重点招商对象。

### 3. 万科假日风景商业街

假日风景项目(总建筑面积55万 m²,可容纳1.6万人次)的配套商业分布情况为:集中商业街建筑面积 8000m²,有30多个停车位;沿小区内的步行线、交通线,有 6000~7000m² 的分散式商业配套,在小区的出入口和汽车站也有一些集中的商业。商铺总规模约15000m²。在规划和管理上都体现了集聚效应的假日风景商业街,确实在社区建设中发挥了实际效用。不但将居民购物、休闲、娱乐等活动集中起来,避免干扰居住,同时也创造了人际交流交往的场所,有利于社区形象的互动展示。

图4-6　万科假日风景

# 范例6：某商业街区发展夜间经济的实施方案

为积极响应政府倡导，促进和带动区域夜间经济发展，拉动内需，增加就业，丰富辖区居民和旅游业者的夜生活，从而推动城市的整体经济发展，特针对优品天地商业街区实际情况，制定如下夜间经济实施方案：

## 一、指导思想

按政府指导精神，开放优品天地主要商业街区，投资打造街区夜间景观，扩大区域宣传覆盖，增加区域夜间经济营销推广活动，丰富夜间旅游、文化、购物、娱乐及美食休闲消费业态，形成优品天地最具特色的夜间消费服务产业带，打造区域夜间消费热点，促进区域夜间经济的繁荣发展。

## 二、夜间经济区域总体规划

按高规格、高品质、集中化的原则，在优品天地临青羊大道侧的乐活天地与时尚天地内外街区，规划一个长约300m，平均宽度约20m的夜间经济发展带，建立最具特色，高品质的区域性"时尚"夜间经济区。

## 三、夜间经济区域消费业态规划

（1）乐活天地外广场：规划长约150m的特色旅游商品与时尚精品售卖区，主要销售韩国、中国香港、日本及本地区特色旅游纪念品与精品服饰、儿童玩具等商品。

（2）时尚天地内街：规划长约150m的特色时尚餐饮区，主要经营港式夜宵、日式、韩式料理、台湾及国内名品特色小吃、露天时尚甜品、咖啡、茶饮、酒吧、书吧等。品牌有：台湾COCO、优果舒沛、久久丫等。

（3）时尚天地外广场：规划面积约4800$m^2$的市民广场，设置并利用区域LED电子屏，增加区域夜间旅游景观，丰富区域市民精神文化生活。同时，在此设置景观式玻璃水晶屋，销售国内外时尚旅游精品。

## 四、夜间经济区的软硬件投入

### 1. 时尚精品售卖亭（花车）制作

乐活天地外广场：共 15 个；时尚天地内街：共 9 个。全部安装相应照明等设施。

### 2. 特色时尚餐饮外摆区

时尚天地内街：共设 8 处，桌椅约 100 套，同时安装相应照明等设施。

### 3. 景观式玻璃水晶屋

时尚天地外广场：共设置两处，面积分别约 35$m^2$。同时安装相应景观照明等设施。

### 4. 夜间景观设施投入

在规划的优品天地夜间经济发展区域，斥资打造炫丽的夜间光彩和景观音乐喷泉工程。同时，开放设置在优品道广场和时尚天地临东坡大道外广场建筑外立面的 LED 电子屏，增加区域夜间旅游景观，打造夜景效果，扩大夜间经营的宣传覆盖面，促进区域夜间经济整体形象品质的提升。

### 5. 夜间经济发展总体投资概算

为了切实做好优品天地夜间经济发展，优品道实业公司拟投资 1000 余万元，着力用于优品天地夜间经济打造中的硬件设施设备投入、场地改造、光彩工程及相应的经营管理投入。

## 五、夜间经济区域的规范管理

根据夜间经济区域的指导思想与总体规划，建立一支约 50 人，涵盖招商、运营，物业保安、保洁、工程设施设备管理、景观维护的优品天地夜间经济专业化经营管理团队。并建立一套完整的夜间经济管理制度，从而确保优品天地夜间经济的规范管理和持续性发展。

## 六、夜间经济发展规划

短期目标：在一年内初具规模。长期目标：在三年内成长为青羊区，乃至成都西部副中心最具特色的夜间经济发展区域，同时成为区域性旅游目的地，带动并促进区经济发展的同时，创造良好的就业、税收等社会、经济效益。

## 七、夜间经济区域建设的支持需求

（1）夜间经济发展规划区域的建筑外立面光彩及LED电子屏等景观的打造和开放须政府相关部门给予批准支持。

（2）斥资打造的夜间经济区域景观投入，因此景观开放所产生的水、电等能源及夜间经济的专业化管理等费用须政府给予相应补贴。

（3）区域夜间经济的打造所需的政府商务、城管、工商、税务、卫生等相关职能部门的指导和政策扶持。

## 范例7：某商业街商铺经营管理服务

商铺方和物业管理公司所签订的委托物业管理合同中，往往会把商铺经营管理范畴的租赁管理、广告筹划、新项目开发同时委托给物业管理公司，以配合其商铺的经营管理。作为物业管理公司也应将商铺经营管理的好坏与自己的物业管理服务紧密地联系起来。

## 一、租赁管理

### 1. 出租方式的管理

主要是在租金商定时要考虑多方面因素，如商品经营的范围及类别；附近商铺楼宇的空置率；承租户的经营特色；商铺所处的位置。另外经营商品给管理带来的难易也应作为一个因素。

租金计算可采用两种形式，一种是先规定一个固定的月租金（根据面积），然后根据市场情况和货币升、贬值决定几年后再增加合理的幅度。一种是按面积定出最低租金，然后根据承租户销售总额按一定的百分比收取租金。

### 2. 竞标租赁的注意事项

严格审定投标者的资格，主要是审核其个人或公司的商业零售管理经验、经营业绩、资信状况及经营品种是否符合行业规定等；投标的程序须规范、严密、全面，尤其是租金的计算方式及规定，预付竞标租金的保证方式，有关撤回投标的规定，以及中标后延时签约的赔偿，应做更为周全和深入的考虑。

协议租金出租的注意事项：在和业户签订租赁协议之前亦应了解承租人的资格、经营管理经验、资金状况，以及目前所经营店铺的数目，业绩情况及所经营品种是否符合行业的规定等；承租人的经营性质，经营范围，所经营的商品档次和质量，是否有能力进行一定投入的商业推广活动，从而使商铺的业务前景有较大的发展等。

### 3. 租金条款

租金制定的参考因素：要参考周边社区人口数目，流动人口的数目及可能吸引其他社区的顾客量、商铺地理位置的优劣，交通是否便捷等情况；要参考商品经营的范围及类别、附近区域商铺的空置率、承租人的经营特色、承租人要承租的层次、位置等情况等，要参考周围区域同行业的营业面积、租金状况及经营状况等。

## 二、项目开发

物业管理处还应不断增加服务项目，扩大服务领域，如：开办商铺儿童乐园，让儿童能尽兴地玩耍，父母能放心地购物；开办商务中心，为业主提供传真、复印、打字、电报、长途电话、电子邮件等服务；开办茶座，为顾客提供休憩、饮茶、品味小吃的场地；举办舞会、卡拉OK、节日庆祝、年终联欢等文娱活动，活跃业户的文化生活；办好商铺内部食堂，为业主提供清洁卫生、美味可口、物美价廉的饭菜，为顾客提供寄存包袋、代订报刊、代办保险、兑换零币等服务；开办投币洗衣店、快速冲印照相店、鲜花店、礼品店、电脑屋等。为顾客，业主提供全方位的服务，使顾客生活中的大多数服务要求都能在商业街中得到满足。

## 三、广告策划与管理

商铺的整体布局设计是很重要的，而各铺位上的宣传广告（包括灯光广告、灯饰、条幅、张贴、悬挂品等）要和商铺整体设计相协调，这就要求承租业主的广告设计必须经过物业管理处审核，以做到管理有序，不会破坏商铺的整体设计格调。

广告策划是商铺经营服务管理的一项重要任务，就是要设法把顾客吸引进来，把承租人留住。因此要策划和组织各项商业推广宣传活动，如综合表演、纳凉晚会、模特表演，摄影展，商品使用演示等。节日期间还可以相应地进行节日布置，既增添了商铺热闹兴旺的气氛，提高了商铺的文化氛围，又扩大了商铺的知名度，吸引大批消费者来购物助兴。

## 四、商铺保险管理

　　商铺的物业管理中保险管理是必不可少的。在商铺的维修施工和广告安装中，均有可能发生意外的事故（包括火灾），对业主、顾客、员工造成伤害；在保洁操作中，也有可能保洁工未按"规程"操作，用了湿拖造成顾客滑倒摔伤；或雨天地滑，顾客在商铺进门处滑跤跌伤；这些都有可能向物业管理方提出索赔。为了规避风险和最大限度地减低这方面的损失，商铺的物业管理处应采取两种措施：工程或服务的公众责任险、财产险（火险）；物业管理方可以向保险公司投保公众责任险等险种，在考虑保险额度时，可以根据事故发生率的高低选择投保的金额。还有一种是财产险，是为防止商铺可能遭受火灾、台风、暴雨、水浸等损失而投保的，物业管理处应主动出面向商铺方（大业主）和各业主的投保减灾提供建设性意见。

# 第五章

# 商业街物业管理整体策划

第一节　商业街物业管理服务的特殊性
第二节　商业街区的物业管理职能
第三节　商业街物业管理整体策划案例展示

虽然物业管理是商业街区的售后服务工作，在房子交付使用后才真正开始向业主以及商家提供服务，然而在商业街区的营销策划过程中，开发商就必须要将物业管理作为项目营销策划的重要内容，提前为业主和商家设计好商业街区物业管理的服务蓝图，对市场做出一系列的物业管理服务承诺，将物业管理服务融入项目形象当中去。从项目开始招商一直延续到项目的整个营销过程，为促进项目的前期招商和后期大拆零销售带来无限动力。建立一个完善的物业管理体系，对商业街区的经营运作、商业气氛、购物氛围、游乐环境和积聚人气都具有极其重要的作用。

# 第一节　商业街物业管理服务的特殊性

## 一、商业街物业使用人的多样性、复杂性

商业物业管理的多层次服务主要体现在物业管理服务针对不同对象实施，服务的对象具有多层次：一方面，服务针对商业街区的业主和商家，这是物业管理服务的主体，为他们做好物业的管理工作，使商业街区内的商业物业能够保值和增值；另一方面，服务将针对到商业街区消费的顾客，物业管理的另一个重要目的就是吸引消费者来消费，并让顾客高兴而来，满意而归、满载而归。不同的群体对服务有不同的需求，物业管理面向不同层次的对象，必须向他们提供多层次、全方位的服务。

（1）从物业产权上看，有业主也有承租人，物业使用人成分复杂。住宅物业的业主或承租人对物业的使用绝大部分是居家过日子，而商业物业的业主或承租人对物业的使用则是做生意、办公等等。

（2）从经营的业态业种上看，门类繁杂。有餐饮、酒吧、酒店、购物、商务、娱乐等业种，在业态上，则有知名品牌的连锁店、旗舰店、专业店和普通店等。

（3）商业街物业类型多样，涵盖了商铺、写字楼、公寓、停车场和街区景观，管理服务的重点和标准也不尽相同。

## 二、物业使用人的群体性和高智商化

商铺的物业使用人绝大部分是企业,若是连锁企业背后还有庞大的总部机构,可谓是人才济济、精英成堆,决非住宅物业的业主或物业使用人可比,物业管理公司遇有冲突和纠纷往往难以招架。

## 三、营业的不可间断性与公众性

商业街的商家对物业管理的要求高,停水停电、地面开挖、屋顶漏水,都会造成很大的直接损失和间接损失,有时不仅要面对商户,还要面对众多顾客的索赔要求。滴、漏、跑、冒,放在住宅物业管理中可能是一件小事,而发生在商业街就往往令物业管理公司"伤筋动骨"。

## 四、管理区域具有非封闭性

精于物业管理的人都深知小区封闭性的重要意义,这不仅能够使物业管理公司少安排保安岗哨,节约人力、财力,还便于控制人员和物品出入,有效防范治安和刑事案件。而商业街的物业管理服务为了增加街区的客流,首先要做的就是敞开式服务,唯恐不"四通八达",唯恐人气不旺。

## 五、顾客流量大,管理点分散

商业街出入口分散,进出客流量大,不受管制,管理点分散,易发生意外,安全保卫工作非常重要,有些零售商品易燃易爆,因此消防安全不得有半点松懈。需要的保洁、保安人员相对较多,同时商场在发生突发事件时,疏散相对较慢,安全管理应特别慎重。

## 六、人性化管理要求

管理公司从事的可能是比较机械、简单重复的工作内容。虽然管理的是物业和配套设施,而服务对象却是活生生的人,管理手法要有人情味,管理风格要体现人性化,如在商家入驻、周年庆典时赠送花篮或悬挂横幅来拉近距离、营造氛围。商业街区运用人性化管理是为了在管理方和被管理方之间形成融洽、愉快的合作关系,更好地搞好商业街区日后的经营运作。

# 第二节 商业街区的物业管理职能

## 一、建筑物与装修的维护

商业街区是一组现代化建筑物业，为了保证商业物业的形象，做好建筑物与装修的维护，保证物业不受损害尤为重要，一方面，是保持良好的商业形象，相信没有消费者会喜欢到建筑破烂、装修陈旧的商场购物消费；另一方面，也是物业保值和增值的需要，商业街区中的商业物业以投资市场为主要市场，投资大型商业项目和买铺就是想赚钱，越是经营良好、保养得当的商业物业，就越是能不断增值。主要服务内容包括：

（1）商业物业建筑结构维护。

（2）商业物业建筑外观维护。

（3）商业街区公共区域装修。

（4）商家装修审批与管理。

（5）规范单、双铺店面门面装修。

（6）商业街区内部导向标志维护。

## 二、商业街区配套设施、设备的维护

配套设施和设备的维护首要工作是保证配套设施、设备能够安全运转工作，如果不幸出现故障，往往会对商业街区产生很大的负面影响，所以商业街区物业管理公司应对配套设施、设备进行完善的保养，杜绝事故隐患。主要服务内容包括：

（1）电梯、自动扶梯的维护保养。

（2）后备发电机维护保养。

（3）电线、电路的维护保养。

（4）供水、供气系统维护保养。

（5）大型商业设施空调、冷气系统维护保养。

（6）三废排放及处理系统维护保养。

## 三、商业街区物业消防与安全的管理

商业物业是通过配套设施、设备、人员和保险方式来避免由于人为或自然因素引起的对物业或人员的危害。让商业物业的业主、经营者安心从事商业活动，让消费者安全、舒适地享受购物的乐趣，消防与安全的管理工作不仅是物业安全的保障，而且也是广大市民公众人身安全的保障。主要服务内容包括：

（1）消防设施的维护保养。

（2）消防器材配置。

（3）消防设施标志。

（4）大型商业设施出口与通路管理。

（5）大型商业设施内部保安巡查。

（6）自动报警系统维护保养。

（7）其他危及安全的防范。

## 四、环境清洁卫生管理

这个职能是商业物业管理职能中最基本的，特别是一些强调生态的商业街区，综合步行街、文化休闲广场、康体公园、游乐场所的日常清洁以及对当地饮用水源的水质维护，环境清洁卫生管理对创造一个良好整体形象起着举足轻重的作用。主要服务内容包括：

（1）商业街区内部道路清洁。

（2）公共区域管理。

（3）公共区域的摆设和植物管理。

（4）商业物业的日常清洁。

（5）促销宣传资料发放管理。

（6）垃圾清理。

（7）环卫设施维护。

## 五、车辆及交通的管理

在越来越多汽车走向家庭的今天，停车难的问题将成为阻碍人们出门购物消费的因素之一，停车是否方便，另外交通的安全与否、都将直接影响到商业街区客流的增减，车辆与交通管理最重要的目的就是为消费者创造舒适、便利的消费机会。主要服务内容包括：

（1）车辆交通疏导指挥。

（2）停车场管理。

（3）货流运输管理。

（4）车辆安全管理。

（5）路面交通管理。

（6）部分道路限时通行管理。

## 延伸阅读：《商业街管理技术规范》（节选）

6　管理

6.1　商业街管理机构

6.1.1　商业街管理机构对商业街内的市容环境卫生与绿化、公共秩序与交通安全、公共设施、商业经营等实施日常监督管理，进入商业街的单位和个人应当服从商业街管理机构的管理。

6.1.2　商业街管理机构应对各职能主管部门在商业街内执行公务予以协助。

商业街范围内的座凳、花坛、雕塑、景观小品、公共厕所、垃圾站及未归口主管部门管理的其他公共设施，由管理机构负责或协调管理和维护。

6.1.3　商业街管理机构执行管理职能时应秉承"公开、公正、公平"的办事原则，提高工作效率，维护管理当事人的合法权益。

6.2　建立商业街环境卫生管理制度，维护公共场所环境卫生

6.2.1　在商业街内，不应随地吐痰、弃口香糖、便溺，不应随意倾倒垃圾、污水及其他废弃物。

6.2.2　不应擅自拆除、迁移、占用、损毁、封闭环境卫生设施。

6.2.3　装卸货物后必须及时清理场地。

6.2.4　督促落实环境卫生责任区内的清扫保洁工作。

6.3　制定商业街绿化的相关规定，严禁损害商业街绿化

6.3.1　不应在草坪、花坛等绿地内设摊、搭棚、堆物堆料、乱倒乱扔垃圾、排放污水污物、晾晒衣物。

6.3.2　不应践踏绿地、攀折树枝、采花摘果、剪取树条、偷取草花和盆花、取土堆土等行为。

6.4　加强商业街环境保护，防止各种污染环境行为发生

不应违反规定随意安装空调器、冷却、废气处理等设施。

6.5　加强商业街公共秩序管理，使商业街安全有序

## 第五章 商业街物业管理整体策划

6.5.1 应有限制各种损害商业街公共秩序、影响商业街容貌、扰乱商业街公共安全行为发生的制度规定。

6.5.2 规范商业街内举办各种活动的管理规定,建立完整的申报、审批、备案的工作流程和制度。

6.5.3 商业街内不应出现有碍商业街整体容貌的行为:

不应擅自新建、扩建、改建建筑物,进行建筑物临街立面装修;

不应擅自设置景观灯光设施;

不应随意设置户外广告,或者设置公益性宣传牌(栏)、宣传标语。

6.6 协同做好交通管理

6.6.1 商业街管理机构应协助交通管理部门做好该路段的交通管理工作,使商业街内及周边地区交通有序。

6.6.2 进出商业街的所有车辆和行人应当遵守道路交通安全法律法规和该商业街交通管理方案的有关规定。

6.7 商业街内公共设施的日常管理与维护

6.7.1 商业街管理机构应当协助有关部门和单位做好公共设施的日常管理和维护工作,发现公共设施损坏的,应当及时督促有关部门和单位予以修复。

6.7.2 商业街管理机构负责商业街内雕塑、景观小品等的日常维护以保持整洁干净,达到美化便利的目的。

6.7.3 管理机构对商业街内的景观灯光设施、各商店外立面灯光、楼宇内部临窗的灯光设施和广告设施等灯光系统实行统一管理,确保对灯光系统的有效控制。

6.7.4 商业街内的公共设施不得随意迁移、改动;确需迁移、改动的,应当依法征得有关管理部门批准。

6.8 商业街经营活动管理

6.8.1 商业街管理机构应当积极对外宣传、推介商业街,组织、支持商户开展主题商业文化活动,提高商业街的知名度和吸引力。

6.8.2 商业街管理机构应当协助商贸、工商等行政管理部门做好商业街的发展规划、市场调研、业态布局和业种引导、经营秩序管理等工作。

6.8.3 商业街管理机构应当组织和指导商业街内的商户制定商业街商业经营管理公约,引导商户参加或者组建相关的行业协会,实行自律管理,维护业主、商户的合法权益。

6.8.4 商业街管理机构应当建立和完善消费者投诉渠道,及时调解商户和消费者之间的纠纷,保护消费者的合法权益,维护商业街良好的经营秩序。

6.8.5 在商业街内从事商业经营活动的单位和个人,应当守法经营、公平竞争、文明经商、诚信服务，保持商业街的业态定位，创建经营特色和服务品牌。

6.9 商业街服务管理

6.9.1 有条件的商业街应设立服务台和指示导图。

6.9.2 服务台配备专人负责，为消费者提供问询便利服务。

6.9.3 商业街内设置各类导向标志或解说标牌，应当合理明确，采用符合国际标准的公共信息图形符号和多国语言标志。

# 第三节　商业街物业管理整体策划案例展示

## 范例1：个旧市坤保大桥商业步行街物业管理操作思路

### 一、项目简介

个旧市大桥建于1930年，在20世纪初。曾经是传统的生活居住、商贸购物、休闲娱乐等中心区。大桥片区是锡都文化文明的发祥地，锡文化的见证地。

按照大桥片区旧城改造工程总体规划，个旧市坤保大桥步行街管理有限公司与红河绿海房产开发有限责任公司通力合作在A区（大桥人民路中心路段）共同打造建成一条南北贯通，长200多m的大桥商业步行街。为展示个旧市锡都文化的渊源。开发建设单位，以实物、雕塑、绘画、书法、摄影等艺术辅以亮化工程在商铺，店墙、街坊、壁坊、柱廊，中心四合院，街广场，人行道路，街景等处再现锡都文化，商业与文化为一体的个旧市历史与时代的锡文化街。大桥商业步行街建筑面积47000多$m^2$，以新的城市建设理念打造女性消费市场、饮食天地、演绎男士风采、开拓儿童市场、追求欢乐业态设计、泰式SPA水疗6大经典，建立综合商业贸易区、传统的街坊、老字号商铺，再现锡都文化历史的特色建筑。

## 二、项目物业管理整体设想定位

物业管理作为一个发展中的行业,初具规模。而商业物业的管理比其他物业的管理,尚缺乏一个清晰的理念,大桥商业步行街的项目,融入物业管理元素,目的是让步行街的物业在专业公司统一的管理下保值、增值。

云南坤保房产开发有限公司对大桥商业步行街的运作引进物业管理元素,吸取了国内其他城市的步行街物业管理成功运作的模式,结合个旧情况采用国内新型的产权式商业物业管理的全新模式,由个旧市坤保大桥步行街管理公司提供专业物业管理星级服务,统一规划管理,统一商业策划,综合管理步行街的氛围环境,一流的商业步行街品牌,一流星级服务的经营环境,提供一流的专业物管服务,从而促进大桥商业步行街的前期销售,加速资金回笼;通过专业的物业管理,让物业本身快速实现增值、保值,保护业主的利益。

## 三、大桥商业街项目经营设想

### 1. 利用已有资源,充分调配,保证前期管理顺利

(1)云南坤保房产开发有限公司对步行街物业管理项目提供启动资金和进行财务管理工作直接支持、部分人力资源的支持,并且进行相关的业务指导。

(2)按照现代企业的管理准则,建立完善的企业管理制度,财务管理制度。

(3)以高效、高质为目标,科学合理为原则搭建管理公司的架构。

(4)管理公司的前期启动资金,用于前期的人员工资、固定资产添置、相关行政费用的开支等,可以由绿海公司支付。

(5)大桥商业步行街的物业管理前期介入,由公司物管相关人员进行介入,包括对项目建筑设计、整体规划等方面进行介入,提出便于后期管理的建议,对有关问题做记录。

(6)项目竣工后,参与项目的竣工验收,并在竣工验收后进行接管验收,个旧市大桥商业步行街管理有限公司正式进行接管。

(7)进行物业管理前期的宣传,争取业主(商家)对物业管理工作的支持;公司对客户提供人性化的各种专业服务。

### 2. 产权式商业物业管理概念

(1)采用国际流行的产权式商铺运作模式,集投资、商务、休闲、娱乐等多种功能为一体的理财方式。

（2）业主可将房产出租给个旧市大桥商业步行街管理公司经营，省心省力坐享其成。

（3）多种方案供业主选择，机制灵活，也可参与该理财计划。

（4）6年产权使用，一次性租金返还，安全可靠。

（5）确保业主保值、增值，同时享受星级的经营管理服务。

### 3. 培育商业市场，提供专业服务

（1）商家入场经营后，成立大桥商业步行街经营者协会。以此为平台，帮助商家进行各种的交流活动。

（2）拟定步行街大客户开业的庆祝典礼，帮助客户进行各种活动。

（3）协助商家的经营，制订步行街的各种优惠活动、促销计划。步行街可以在节假日和周末等时间进行商业的活动，以吸引人气，会聚商气。

### 4. 业主委员会的成立

由于步行街是商业物业，具有一定的特殊性，业主在合同期间不参与物业的使用，而物业的使用人（招商经营客户）在步行街内使用物业，根据实际情况，大桥商业步行街的业主委员会首届任期与租赁合同同期。业主委员会成员由物业的使用人受业主的委托行使其权利。为使得步行街商家有序地进行经营，拟在个旧市相关行政主管部门的指导下成立大桥步行街经营者协会，为商家的经营交流提供一个平台。

### 5. 获得合理投资回报

大桥商业步行街物业管理项目的盈利来自管理费的盈余和策划、咨询服务等有偿服务的收入。由于项目的唯一性和良好的操作性，可以预期将来能够获得的回报。并且物业管理是管理技术和人力资源投入比例较重的行业，资金投入很小，因此获得的利润回报是合理的，风险较小。物业管理项目的收入不包含租金之间的差价营利，其中，项目的市场引导金作为成本计算由红河绿海房产开发有限责任公司或云南坤保房产开发有限公司支付。

## 四、大桥商业街物业管理风险与对策

### 1. 开发商遗留问题与法律纠纷

存在风险：因为物业本身的质量，产权证件，以及因双方未能达成共识的问题导致法律纠纷。对策：

（1）对物业本身的质量及其他缺陷，明确责任者，依照国家相关建筑质量保修等规定，

个旧市坤保大桥步行街管理公司及时督促维修。

（2）对土地使用权、房屋产权、租赁等相关事宜产生的法律纠纷由开发商和云南坤保房地产开发有限公司进行解释。

（3）关于房屋售后服务，个旧市坤保大桥步行街管理公司在得到开发商的授权和签署相关文件后，可以由其进行售后服务。

## 2. 受销售、招商活动的影响，如销售、招商进行不顺利影响后期管理

存在风险：如果前期的销售、招商活动进行不顺利，会对后期的管理有巨大的影响，特别是关于相关费用的收取存在困难。对策：

（1）由于招商活动由云南坤保房产开发有限公司进行，个旧市坤保大桥步行街管理公司对其进行配合，力求招商活动如期顺利完毕，保证租金、管理费等有关收益。

（2）对所有客户一视同仁，能够保证客户的顺利经营。

（3）专业的策划、管理，营造良好的商业经营氛围，保证客户的利益。

## 3. 人力资源短缺，专业人才不足

存在风险：由于云南坤保房产未涉足过物业管理行业，其经营经验不足，相关经营管理人才缺乏，运作的模式处于理论阶段，在后期的操作中容易出现偏差。对策：

（1）个旧市大桥步行街管理有限公司依法单独进行经营管理，云南坤保房产开发有限公司对其进行业务指导和财务工作支援。

（2）从发达地区引进专业物业管理人才，引进先进管理理念。

（3）云南坤保房产开发有限公司中有意从事物业管理工作的员工，在考核合格后，经专业技术培训再补充到相关岗位。

（4）定期或者不定期地参加物业管理的有关培训课程，积极参与同行之间的技术交流。

## 4. 商业物管技术相对不成熟，管理项目有难度

存在风险：物业管理中商业物业管理的技术相对其他的物业管理还处于探索的阶段，因此在大桥商业步行街的管理上有一定的难度。对策：

（1）引进对商业物业有独到见解的高级管理人员。

（2）注重行业交流，吸收同种类物业的先进经验。

（3）管理实践中不断修正。

（4）引入 ISO9000 体系，保证服务架构。

### 5. 项目存在一定的周期，项目的收益难以明确

存在风险：步行街项目由于其特殊性，项目本身存在一定的生命周期，项目的营利点目前可以确定为租赁商铺之间的差价和物业管理有偿服务的收入。其收益回报随着商业运作而波动，难以明确。对策：

（1）由于目前签订的租赁合同为6年，因此，6年后的管理不明确，合同期间，对步行街的操作依照项目的初始、发展、高峰、持续后期阶段，该项目的实际操作年限约为4年，在前4年的管理中，管理费的收取，是可以保证的。

（2）前期招商中，为业主（客户）提供商业咨询、策划等服务，可以给予优惠，着重于2006年以后的服务。

（3）及时地介入与撤出，可以保证公司的收益。

## 五、物业管理前期介入事宜

物业管理项目中前期介入是重要的工作，涉及后期的管理设计，物业建设设计的建议，相关设施设备的掌握调试等，了解项目的全部问题，以便后期的遗留问题和相关纠纷的解决。大桥商业步行街的前期介入包括以下工作在接管验收前完成：

（1）项目的建筑事项遗留问题意见和建议。

（2）项目机电设施、智能设备试运行意见和建议。

（3）跟进装修施工和设备安装程序。

（4）编制年度物业管理费收支预算。

（5）申报物业管理费用和其他收费标准。

（6）建立人员架构并招聘培训人员。

（7）制定及完善各种物业管理制度。

（8）制定对员工进行前期培训计划和材料。

（9）安排开荒清洁和保险，招企划。

（10）挑选和定制员工工服。

## 范例2：深圳台湾美食街综合管理方案

为使凤凰美食街高效、有序运行，特制定本方案。作为对台湾美食街项目运营管理的依据和规则。《凤凰美食街管理方案》涉及市场需求、企业建制、机制设计、项目规划、招商、

### 第五章 商业街物业管理整体策划

推广策划、物业管理等全方位工作。此方案是在基于凤凰物业管理公司致力于打造金牌美食街而制作的。

## 一、项目概况

本案位于深圳宝安区福永街道凤凰山,商业建筑面积约 10000$m^2$,整体门面为美食一条街形态,共有 21 栋楼宇的一楼连排门面构成,是深圳宝安区政府和凤凰社区投资亿元巨资倾情打造了具有岭南建筑风格的深圳首条"台湾"特色美食街。项目于 2010 年 1 月开工建设,当年 10 月建成交付并筹备开业,引入投资顾问机构进行营销策划,经过两年多的招商运营,街区的经营管理渐入佳境。

## 二、项目整体定位

项目整体定位为满足购物、休闲、娱乐、餐饮、文化、旅游等一站式消费功能的特色美食步行街业态。

### 1. 文化功能

美食街在建筑上融入了中国古代建筑语汇;融合现代台湾美食文化;吸引深圳地区的消费者和进出深圳的境内外游客的目光,品味中国古文化和现代建筑文化融合的博大内涵。

### 2. 餐饮功能

精心引进台湾美食等,巧妙布置餐饮局面,充分满足目标消费者的餐饮需求。

### 3. 购物功能

以时尚、流行、个性、专业化的美食经营为特色,扩大消费群体,满足市内外消费者的需求。

### 4. 休闲、旅游功能

多元化的经营和细致体贴的配套设施,使消费者在舒适的环境中心情愉悦地放松游玩。

## 三、客户分析

凤凰美食街交通便利,商圈辐射面积大,人流如云,消费潜力巨大。其消费客户包括以下三类：

### 1. 本地居民和租户

凤凰社区共有村民近 2000 人，伴随着近年来经济发展生活富裕，对物质生活的要求较高，是街区美食消费的基础客户。凤凰是个开放的社区，良好的地理位置和不可复制的居住环境使 13 万多人的非本地人口选择凤凰租房居住，他们是本街消费的主力客户。

### 2. 附近企业、单位白领

美食街是由原工业区升级改造而成，周边企业众多，其中各企业白领人数众多，也是高消费人群。

### 3. 周边及外地的游客

凤凰山是深圳市有名的理佛胜地，凤凰美食街是独一无二的经典台湾美食一条街，市区和宝安过来的游客众多，特别是自驾的家庭游客，消费力较强。随着品牌影响力的不断提升，慕名前来观光的外地游客也日渐成为街区消费的主力。

## 四、美食街项目管理思路与模式定位

### （一）管理思路

#### 1. 与世界同步的思想

台湾美食街的管理、定位始终坚持强调"比较优势"的理念。应当广泛而系统地借鉴国内外美食街的经营管理经验，并结合台湾美食街的具体情况加以综合创新，在各个方面创造"比较优势"。

（1）在物业管理上，要强调"系统化的协调管理"，注重物业管理手段与商户的运行规律相适应，保持可持续经营的态势。保证物业设备、设施的配套协调运作，为营造更加舒适的消费环境提供硬件保证。

（2）在客流组织上，要时刻强调我们的目标顾客群以及客流交通的远端辐射功能，有意识地扩大台湾美食街的客流吸引力。

#### 2. 集中管理思想

在总体管理上将招商、运营、策划、物业等统筹起来形成一个管理体系，使工作严整有序。

### 3. 系统化、科学化、细节化的管理思想

系统化、科学化、细节化的思想体现在协同运作的水平上。成功的关键在于各个部门、各种职能的协同配合。建立科学、合理的管理机构框架和协调、高效的监督机制。

## (二)"六统一"物业管理模式

### 1. 统一招商管理

台湾美食街所有商铺由凤凰物业管理公司进行统一招商,统一规划,确保本项目的商品组合、档次、价格等定位准确,保障后期持续经营。

### 2. 统一营销推广

凤凰物业公司统一进行营销策划、宣传推广、进行促销活动的开展,费用按销售额或者经营面积相应比例分摊,营销效果共享。1)专题营销推广活动由公司统一规划和安排,效果共享。2)个别商户做促销推广活动时,须按要求报公司审批后执行。

### 3. 统一营业管理

为保障本项目后期的有效经营,需要所有商户按照凤凰物业公司统一营业管理。

### 4. 统一形象管理

为提升美食街道的形象,在商铺形象方面需要统一 VI 导购系统等(商户也可自行设计装修,但须把相关图纸、方案提交管理处审批后执行)。

### 5. 统一物业管理

凤凰美食街所属物业由凤凰物业管理公司统一进行业全面管理(包括清洁卫生、水电、保安、消防、车辆、维修、保养等方面)。

### 6. 统一服务监督

为保障美食街各经营户的服务、质量、价格等符合相关国家规定和有关要求,统一接受美食街物业管理处服务监督等。

## 五、招商及运营推广

为确保招商工作实现台湾美食街项目的经营定位，满足目标市场需求；实现正常经营。确定以下招商理念、商家引进、招商管理的目标。

### 1. 招商理念

以地域优势带动招商；以统一管理带动招商；以硬件优势带动招商；以管理团队带动招商；以商机无限带动招商。

### 2. 招商管理的目标

管理目标：创造一流的消费环境；一流的服务水平；重点突出的商户特点；移步换景的景观设计；双方满意的消费平台；良性互动的生活舞台；通过以综合创新为基础美食街运作，成就"台湾美食街"品牌。

### 3. 招商宗旨

招商宗旨：整体分级、综合布局、体系完整、制度规范、简洁高效；招商引进实行严格的准入管理，确保引进商家实力强、运营规范；并与台湾美食街共同实现诚信经营。

### 4. 招商原则

落实规划、择优引进、签约规范、整体分级原则。
资信可靠、质价相符、运作规范、诚信经营原则。
组合创新、营销创新、名特优新、缔造时尚原则。
责权清晰、奖罚分明、公开透明、监督制约原则。

### 5. 市场推广

对美食街而言，其中一项能够影响其收入的因素就是各商户的营业额，因为营业额直接影响租户的交租能力和续租的可能性。所以深圳市凤凰物业管理有限公司应制订一个周详的宣传推广活动计划，务求以消费者所关注的时事及话题作主题，配合多元化的活动种类、媒体及场地，推行宣传活动吸引大众前来美食街。

美食街的宣传推广活动会配合美食街公共空间、美食街中庭及外美食街陈列的视象吸引，另外可增设户外荧幕，不停穿梭播放配合的宣传推广、新闻性、潮流性信息。热闹及充满生气的视像及媒介背景配合主题活动项目的现场气氛，不难想象美食街会对广大市民带来的吸引力。

深圳市凤凰物业管理有限公司致力为美食街整体形象进行宣传推广，为吸引大量人流而举办各种各样的活动，其成功有赖于所有商户的配合和支持，而美食街的所有软硬件配套都将提供最完善的条件，定能配合商户自己的宣传及商品的推广。

（1）美食街在户内户外都设有许多不同形式、大小、位置的宣传灯箱、广告板、大型外墙海报等供商户进行宣传用。

（2）每季的季刊都会联同商户报道美食街内商户的动向及商品信息。

（3）美食街的宣传推广活动将会邀请商户联合举办及协办，而商户亦可主动提出建议与美食街合办推广活动及商品展销。

## 六、物业管理

### 1. 管理任务

台湾美食街项目物业管理的主要任务是：建立健全严格的规章制度和岗位责任制；依据财务预算全面负责公司固定资产和物料年度计划的制订、落实和保管；负责制订交通、治安、消防等管理制度和作业流程；有效地保证美食街二十四小时安全；维护物业、完善环境、提供服务。

### 2. 安全管理

美食街经营商户多、客流量大，需要一支训练有素的保安和消防队伍，并有一套紧急情况下的应急措施。安全管理工作的基本要求是保障物业安全，维持美食街的经营管理秩序。

对于美食街的安全管理，应注意将物业治安管理同物业消防管理相结合，将安全管理与客户服务工作相结合。

### 3. 紧急事故的应急处理

美食街物业属开放型、高度密集型环境，物业管理中的安全管理已不仅仅局限于物业方面的安全保卫，还包括犯罪、意外事故、自然灾害及危险物等紧急事故造成的安全保护问题。对于美食街而言，若发生紧急事故后处理不当或不及时，将会造成无法估量的生命财产损失。在日常管理中应设计一套有效的紧急事故处理程序，该套程序为诸如火灾、水管爆裂、犯罪活动、爆破威胁、严重伤病等紧急事项有所准备。

### 4. 商户装修管理

承租人在经营面积内进行装修，应事先向出租人提交装修施工图及方案，取得主管部门批准后方能进行施工。

### 5. 维修与修缮

（1）出租人负责公共区域设施设备之日常维修及保养，承租人应给与合作配合。

（2）属于公共设施部分或属于出租方负责维修、保养范围之内的设备设施出现的任何损坏（承租方人为损坏除外）由出租方负责维修。

（3）在租赁期内，承租人须向出租方支付更换灯具、物品及出租人为承租人附加、修理、改变或更换物品等材料费。

（4）承租人如发现公共装置、设施被破坏或发生故障应及时通知出租方，出租方立即派人维修。

（5）对承租人专用的卫生、供水设施、承租人须负自费维护的责任，保持设备之良好及清洁状态并符合公共卫生或其他政府有关部门的规定。

### 6. 商铺用电管理

（1）经营商户不得私自改动、增设用电设备，非专业人员不得私自开启电闸箱。

（2）如经营工作需要临时或永久增加用电的，要向物业公司申请，经批准后由物业工作人员施工。

### 7. 消防及安全管理

商业街常见的引发火警的原因主要为烟蒂或火种处理不当、电器引致的火情、装修不慎等。美食街商铺经营时间内部人员密集，规定商铺内消防通道必须保持畅通，遇有紧急情况时能及时疏散人群。

### 8. 车辆管理

定时、定人到现场加强车辆停放管理、提高车位使用效率，保证美食街主干道及停车场良好的交通秩序和车辆停放秩序，实行固定岗和巡逻岗相结合的安防模式，确保业主、租户、顾客的车辆不受损坏和失窃。

### 9. 环境清洁管理

美食街的人流多且人员杂乱，产生垃圾的源头较多。除应有专人负责流动保洁、及时清运垃圾、随时保持美食街主干道卫生之外，同时应注重提高清洁工作的效率。美食街的保洁形式具有以下主要特点：

（1）由于美食街日常的保洁需求时间较长（营业时间长，且节假日人流更旺），在保洁人员的工作安排上实行两班倒，即将巡视和清洁分开。

（2）美食街保洁的清洁质量高低取决于巡视保洁的质量。保洁定时对停车场、绿化内及垃圾存放点的巡视保洁，为方便顾客，垃圾桶摆放的数量与位置要合理。

（3）美食街对保洁人员的素质要求较高，包括及时发现问题的能力和正确处理清洁作业过程中的各种应注意事项的能力，在人员管理方面要做好培训工作。

## 10. 环境绿化管理

按照园林绿化养护操作规程及园林绿化养护质量标准，合理组织，精心养护，并派出专业的园艺师组织指导安排管护工作，并根据各个季节天气及植物生长情况，保质保量完成养护管理任务。

## 11. 商户经营管理

（1）将重要的物业管理规定、标准、要求纳入《商户管理公约》，以便经营商户在进入之前即可了解学习并遵照执行。

（2）建立经营商户物业档案系统（数据库）。

（3）建立经营商户装修管理流程和管理制度。

## 12. 物业档案管理

（1）建立物业档案资料管理系统。

实行物业档案资料的系统化、科学化、电脑化管理。建立资料的收集、分类整理、归档管理制度。妥善保管好以下档案资料：物业资料、业户资料、保洁管理记录、保安管理记录、装修管理档案、收费管理档案、设备管理档案、社区文化档案、员工管理档案等。

（2）建立物业管理法律、法规资料系统。

主要行政文件。

政府部门文件。

股份公司文件。

（3）建立 ISO9000 文件资料系统。

# 第六章 06

# 商业街物业管理运作案例展示

# 范例1：桂林西城路商业步行街物业管理服务方案（节略）

## 一、西城路商业步行街项目概况

从2000年开始，桂林市政府就将该项目列为重点工程。这条路的改造突出明清风格，同时在沿线建设一些有特色的现代园林小品，增加绿化量，体现购物、休闲、茶艺、布艺、旅游等多种功能，同时对道路路面、管线、沿街配套设施进行改造，为处理好商业发展与街道环境治理的矛盾，将中山路至交通路段、崇善路至信义路段建成准步行街，允许车辆通过；交通路至崇善路将建成全封闭式的步行街。新建门面全部采用临建、贴建的方式，为原来的铺面营造成为宽敞宜人、风格高雅的商业空间。西城路商业步行街由北斗集团开发、招商并建设完成，目前已成为桂林市首家集商务、娱乐、购物、休闲为一体的综合性商业步行街。由于地理环境因素，及规划设计和整体效果，西城路商业步行街极具商业价值及升值潜力。

## 二、西城路商业步行街管理服务目标与整体策划

物业管理服务主要包括两部分：一是对物业的管理，二是对商（铺）户的服务。

（1）在管理上实行定员、定量、定额的方式，以科学的管理方法，合理调配各工作岗位的人员，量化各岗位的工作指标，实行严格有效的管理制度，为管好西城路商业步行街，服务于商（铺）户打好坚实的基础。

（2）处理好房产销售与商（铺）户经营之间的关系，给开发集团提出合理化意见及建议，为商（铺）户排忧解难，充当好开发商和商（铺）户之间的桥梁和纽带。

（3）西城路商业步行街的管理服务工作将按照"用心管理，真心服务"的原则，实施一体化管理，工作实施中分设职责不同之部门，负责协调管理中出现的各种情况和问题，保证工作有序开展，受理商（铺）户投诉监督服务质量，确保各项管理工作顺畅进行。

## 三、管理架构与人员配置

成立西城路商业步行街管理服务中心，下设4个管理部门。

### 1. 管理服务中心

设经理1名。

各下属管理骨干分工明确,在管理服务中心的指导下,各司其职,各负其责,以协调高效,相互促进的模式来实现良性循环。

### 2. 物业管理部

设管理员1名,电工1名,清洁工3名。

(1)负责日常前台接待事务、受理商(铺)户的各类投诉,协调比邻问题。
(2)办理商(铺)户的装修报装手续,装修进程跟踪。
(3)免费为商(铺)户代办所需经营证照、代理招商招租业务。
(4)负责步行街的各项公共设施、设备的管理,维护及保养。
(5)负责步行街的公共卫生绿化管养的监督指导。
(6)负责步行街各项物业日常费用收取。
(7)负责开展相关的有偿服务:如打字复印、传真、收发电子邮件服务。

### 3. 秩序维护部

保安队长1名,保安员8名。

(1)负责步行街的秩序维护管理。
(2)消防防范管理。
(3)车辆交通管理。

### 4. 经营服务部

设主管或兼职主管一人。

全面负责商铺业主委托给物业管理公司的租赁代理、广告策划及项目开发等经营服务工作,该部门的主要职责是配合业主的经营活动,促进商铺经营销售和物业管理工作。

## 四、西城路商业步行街物业管理分项描述

### 1. 商铺业户服务管理

(1)接待与联系

接待与联系是业主服务的重要内容之一,是物业管理方为业主、顾客提供服务并与业主、顾客进行交流的窗口。其主要职能包括倾听建议和意见,接受投诉,安排维修和回访,收取管理费与内外联系等。

（2）纠纷、投诉接待

顾客在商铺购物因环境服务因素而来投诉。对物业管理方来说，所有投诉、处理结果都要有记录，作为年终表彰与履行"管理公约"业绩考核依据之一。

（3）报修接待

商铺铺位的照明或其他设施出问题，对业主营业将造成很大的影响。业主报修，应迅速做记录，填写《维修任务单》，即时派维修工到现场抢修。

（4）走访回访

接待员的走访内容包括三方面：一是听取业主和商铺方对物业管理服务的意见、建议；二是对报修后的维修结果进行回访；三是对业主的礼仪、形象、环境、广告、装潢等方面的不足之处做出提示、督促改进，晓之以理，动之以情，用实际行动去感化业户，让他们明白：我们所做的一切，都是为了商铺的自身形象，我们的目标是一致的。

（5）内外联系

商铺内部联系：包括向业户收取租金、管理费、水电能耗费、铺位的报修抢修费等；向商铺方收取物业管理费、能耗费。商铺服务管理做得如何，必将影响到收缴率的好坏。

商铺的外部联系：商铺与街道、居委、警署、消防、劳动、环保、水、电、煤、电信及媒体都有业务上的联系，如处理不好这些关系，会使商铺的经营活动很被动。处理得好，往往事半功倍。

## 2. 商铺装修服务管理

商铺楼宇的租赁往往以整个层面向外出租，出租后，由承租商依据经营要求，提出装修申请；也有的业主把一个层面装修完毕之后出租铺面。承租商户对铺面只能通过申请批准后做一些小的变动装修。装修管理应包含在业主管理中，因管理难度较大，故单独列出论述。装修管理应做好以下几个方面：

（1）建立周全、详细、便于操作的管理制度。

（2）专人负责对工程实行严格的监督。

（3）选定资质高、信誉好的工程承包商进行装修。

（4）审核装修申请、签订"装修管理协议"。

（5）对装修现场进行监督管理。

## 3. 商业街设备、设施维保管理

商业街设备管理主要是防止商铺停电和自动扶梯的正常使用。商铺供电需要绝对保证，因为一旦停电，漆黑的营业厅将给顾客、商品和营业款带来不安全的因素，对商铺声誉带来

## 第六章 商业街物业管理运作案例展示

不利影响。所以应选派优秀员工,日夜监测电气设备运行状况和自动扶梯的运行状况,一有异常情况及时安排维修,确保正常运行。

### 4. 商业街建筑物的养护及维修管理

在做好日常应急维修同时,为确保商铺建筑物的完好,应制定完整的修缮制度,编制每年的修缮计划,安排年度修缮投资,经管理处审核后报商铺业委会方审批(大中修要落实资金),检查修缮结果。

### 5. 商业街保安服务

安全保卫工作包括治安防盗、防范突发事件、监控中心管理、车辆管理、停车场管理等。(具体内容略)

### 6. 商铺保洁服务管理

制定《商业街保洁服务作业规程》,这个"规程"指导保洁工对商铺各部位的清洁按规定的操作程序去做,是保洁工岗前岗中的培训教材。

### 7. 商铺绿化服务管理

商业街区的绿地和草坪,在基建时就已定型。为保证草坪生长良好,劝阻顾客、游客进入草坪;保持绿地环境整洁,及时清除死株、病株,缺株要补植,定期对花木修剪整形;发现病虫害要进行捕捉或喷药,药物防治要注意安全,并挂警示标识;草坪要经常除杂草:定期轧剪,每季度施肥一次,施后浇水或雨后施撒;台风前对花木做好立支柱、疏剪枝叶的防风工作,风后清除花木折断的枝干,扶正培植倒斜的花木等等。

### 8. 商铺经营服务管理

商业街业主方和物业管理公司所签订的委托物业管理合同中,往往会把商铺经营管理范畴的租赁管理、广告筹划、新项目开发同时委托给物业管理公司,以配合其商铺的经营管理。作为物业管理公司也应将商铺经营管理的好坏与自己的物业管理服务紧密地联系起来。

### 9. 商铺广告管理

除电视、报刊广告以外,最有效、最直接的就是在街区与商铺内部悬挂醒目的招牌、广告牌、条幅,张贴宣传品。物业管理处为了规范商铺的环境秩序和整体形象,在支持商业宣传策划的同时,必须加强商铺的广告宣传管理。承租业户的广告设计必须经过物业管理处审核,以做到管理有序,不会破坏商铺的整体设计格调。

### 10. 商铺保险管理

在商铺的维修施工和广告安装中，可能发生意外的事故（包括火灾），对业主、顾客、员工造成伤害；在保洁操作中，也有可能保洁工未按"规程"操作，用了湿拖造成顾客滑倒摔伤；或雨天地滑，顾客在商铺进门处滑跤跌伤；这些都有可能向物业管理方提出索赔。为规避风险和最大限度地降低损失，物业管理方可以向保险公司投保公众责任险和财产险等险种。

## 范例2：重庆大正物业江北商圈商业街物业套嵌项目运行方案（节略）

# 一、物业项目的基本情况

## （一）物业项目概况

重庆江北商圈项目套嵌世纪金街、佳侬商场和女人印象三个商业项目，总面积合计为 $113526.49m^2$。商铺数合计为 $1516m^2$。

### 1. 世纪金街

地址：观音桥步行街7号。

开发商：重庆财信、兆鑫置业公司。

面积：$87291.35m^2$。

商铺数：324个（$3021.77m^2$）。

图6-1　重庆世纪金街

## 2. 佳侬商业街

地址：观音桥西环路9号。

开发商：重庆太子房地产开发有限公司。

面积：21591.72m$^2$。

商铺数：986个（8566.54m$^2$）。

图6-2　佳侬商业街

## 3. 女人印象

地址：观音桥步行街9号。

开 发 商：北京金融街置业公司。

面积：4142.19m$^2$。

商铺数：206个（1988.30m$^2$）。

图6-3　女人印象

## （二）配套设施情况

### 1. 生活配套设施

**生活配套设施表**　　　　　　　　　　　　　　　　　表6-1

| 序号 | 项目 | 单位 | 数量 | 备注 |
|---|---|---|---|---|
| 1 | 物管用房 | m² | 380 | |
| 2 | 员工宿舍 | m² | 80 | |
| 3 | 业委会办公室 | m² | 100 | |
| 4 | 员工食堂 | m² | 15 | |

### 2. 各系统情况

**各系统情况表**　　　　　　　　　　　　　　　　　表6-2

| 序号 | 设备系统 | 设备设施名称及型号 | 单位 | 数量 | 备注 |
|---|---|---|---|---|---|
| 1 | | 变压器（台×容量） | 台 | 2×1000（金街）；2×1250（佳侬） | |
| 2 | | 柴油发电机 | 台 | 1（佳侬） | |
| 3 | | 专配电房 | 间 | 2（佳侬、金街各1） | |
| 4 | | 直升电梯（功率） | 台 | 5（金街） | |
| 5 | | 电扶梯（功率） | 台 | 2（金街）、4（佳侬） | |
| 6 | | 电梯机房 | 间 | 2 | |
| 7 | 电梯系统 | 消防泵房 | 个 | 2（佳侬、金街各1） | |
| 8 | | 消防水池（个×m³） | 个 | 3×300（金街2、佳侬1） | |
| 9 | | 水箱（个×m³） | 个 | 4（金街3、佳侬1×20） | |
| 10 | | 生化池（个×m³） | 个 | 2（金街1×660、佳侬1×280） | |
| 11 | | 消防报警系统 | 套 | 2（佳侬、金街各1） | |
| 12 | | 消防防火分隔系统 | 套 | 2（佳侬、金街各1） | |
| 13 | | 喷淋泵 | 台 | 4（佳侬、金街各2） | |
| 14 | 消防系统 智能安防 系统 | 消火栓 | 台 | 4（佳侬、金街各2） | |
| 15 | | 通信系统 | 套 | 2（佳侬、金街各1） | |
| 16 | | 消防排烟风机 | 台 | 23（佳侬9、金街各14） | |
| 17 | | 消防送风机 | 台 | 16（佳侬9、金街各7） | |
| 18 | | 停车场 | 套 | 1 | |

## 第六章 商业街物业管理运作案例展示

续表

| 序号 | 设备系统 | 设备设施名称及型号 | 单位 | 数量 | 备注 |
|---|---|---|---|---|---|
| 19 | 中央空调系统 | 主机 | 台 | 4（佳依、金街各2） | |
| 20 | | 冷/热水泵 | 台 | 14（金街8、佳依6） | |
| 21 | | 冷却塔 | 台 | 7（金街3、佳依4） | |

### 3. 安防配套设施

安防配套设施表　　　　　　　　　　　　　　　　　表6-3

| 序号 | 项目 | 单位 | 数量 | 备注 |
|---|---|---|---|---|
| 1 | 消防控制室 | 个 | 2 | |
| 2 | 监控室 | 个 | 1 | |

### 4. 环境配套设施

环境配套设施　　　　　　　　　　　　　　　　　　表6-4

| 序号 | 项目 | 单位 | 数量 | 备注 |
|---|---|---|---|---|
| 1 | 楼层垃圾桶 | 个 | 96 | |
| 2 | 生活垃圾中转站 | 个 | 2 | |

### （三）服务区域分类与面积

室内公共区域表　　　　　　　　　　　　　　　　　表6-5

| 序号 | 项目 | 单位 | 数量 | 备注 |
|---|---|---|---|---|
| 1 | 佳依 | 个 | 43 | |
| 2 | 金街 | 个 | 18 | |
| 3 | 女人印象 | 个 | 12 | |
| 合计 | | 个 | 73 | |

### （四）物业收费标准

物业收费标准表　　　　　　　　　　　　　　　　　表6-6

| 物业类别 | 收费方式 | 收费标准 | 备注 |
|---|---|---|---|
| 商业（佳依商场） | 每月 | 21.00元 | |
| 商业（世纪金街） | 每月 | 18.00元 | |
| 商业（女人印象） | 每月 | 20.00元 | |

## （五）客户结构

客户结构表　　　　　　　　　　　　　　　　　　　　　　　　　表6-7

| 合同主体 | 业委会及产权业主 |
|---|---|
| 服务对象 | 经营户 |
|  | 企业 |
|  | 国资委 |
|  | 银行 |

# 二、服务范围与服务内容

服务范围与服务内容表　　　　　　　　　　　　　　　　　　　表6-8

| 服务类别 | 服务范围 | 服务内容 |
|---|---|---|
| 客户服务 | 客户的进场与离职手续办理 | 1.客户档案建立；2.完善手续；3.设施设备的移交确认；4.结清相关费用 |
|  | 物业接待 | 1.现场咨询；2.信息提供；3.专业培训 |
|  | 报事报修 | 1.客户专用部位有偿维护；2.公用部位维护；3.纠纷事件协调；4.内外关系的协调 |
|  | 市场正常经营秩序的维护 | 1.对客户经营开关时间的管理；2.场内现场的规范管控；3.市场市貌管控；4.相关费用的收取；5.纠正违规行为 |
|  | 装修管理 | 1.装修手续办理；2.装修过程的管控；3.安全措施防范 |
|  | 客户关系的维护 | 1.客户档案管理；2.重要客户走访；3.建立客户需求分析制度 |
|  | 档案管理 | 1.保存完好，资料准确完整；2.档案管理制度完善 |
| 设施管理 | 基本管理 | 1.建立设备管理台账；2.依据设备特点分类管理、保养；3.建立运行记录档案 |
|  | 设备的维护 | 1.管理与运行规范；2.重要设备配备专人执守；3.特种设备由专业单位维护；4.设备更新、维护材料使用建立领用登记本 |
|  | 供配电系统 | 1.专人执守；2.运行情况标示准确；3.绝缘措施规范；4.依据国家标准进行检测 |
| 秩序维护 | 人员、货物进出管理 | 1.制订人员、货物管理制度；2.建立登记本；3.建立人员、货物进出专用通道 |

续表

| 服务类别 | 服务范围 | 服务内容 |
|---|---|---|
| 秩序维护 | 监控管理 | 1.配备专人持证上岗；2.依据消防规定建立运行记录本；3.设立消防运行流程作业图；4.建立消防应急方案 |
| | 巡逻管理 | 1.针对特点对重点部位进行布控防范；2.制定巡逻路线图；3.定点、定岗巡防；4.采取人防与技防相结合 |
| | 治安与消防管理 | 1.建立培训机制；2.与客户签订责任书；3.开展各类预案演练；4.组建联动相应机制；5.建立消防专用档案管理制度 |
| | 市场经营秩序的维护 | 1.定时清道；2.纠正违规行为；3.确保消防通道畅通；4.确保消防设施在位处正常状态；5.闭市后全面清场确保安全 |
| | 重大活动保障 | 1.制订专项活动预案；2.组织实施，保障到位 |
| | 应急管理 | 1.结合实际情况制订相关预案；2.设立相应机制和报告程度 |
| 环境管理 | 场地保洁 | 1.人员配备合理，保洁面100%；2.场面保洁清理及时；3.垃圾桶规范堆放；4.每日保洁有检查记录；5.定期开展除四害工作 |
| | 垃圾清运 | 1.设立垃圾堆放点；2.生活垃圾日产日销；3.建筑定期清理；4.清运后及时消杀 |
| | 环境市貌管理 | 1.及时纠正市场乱贴乱画行为；2.确保市场各标示整洁；3.确保各排泄沟畅通无异味 |
| 特约服务 | 专用部位 | 设施安装、维修、更换、安全值守等 |

# 三、品质定位与服务标准

**品质定位与服务标准表**　　表6-9

| 序号 | 服务名称 | 服务内容 | 服务标准 |
|---|---|---|---|
| 1 | 基础物业类 | 服务人员要求 | 服装统一，佩戴制式工作证，依据大正公司管理人员服务礼仪规范开展物业服务工作， |
| | | 物业档案管理 | 按公司ISO作业文件标准建立健全各类物业档案，严格档案查阅（借用）制度 |
| | | 制度建设 | 根据项目实际情况，有针对性地建立健全各类管理制度（制度上墙）并执行 |

续表

| 序号 | 服务名称 | 服务内容 | 服务标准 |
|---|---|---|---|
| 2 | 客户服务类 | 进驻和离场 | 建立"经营者进入场管理标准"并执行 |
| | | 报修服务 | 日常维修15分钟到现场、处理有记录、有顾客满意度反馈,维修质量合格率达到95%以上 |
| | | 服务接待 | 文明用语,礼貌待人;态度大方,热情服务;接待各类事件分门别类按照工作程序呈报批示;并及时反馈 |
| | | 客户意见管理 | 建立意见簿,及时处理并反馈,回访率达100% |
| | | 客户关系维护 | 定期开展客户走访、建立客户需求反馈制度;建立大客户定时拜访机制 |
| 3 | 环境管理类 | 场地保洁 | 建立垃圾分类管理制度、场地无明显污垢、营业时间时时巡保、垃圾存放专用垃圾桶内、每月有计划有安排有检查 |
| | | 生活垃圾清理 | 制订保洁日、周、月、季度实施计划;日产日清、定期消杀、整洁卫生 |
| | | 市貌管理 | 及时清除场内无明显乱贴乱画现象,场内各类标示明显、醒目,美观 |
| 4 | 设施设备管理 | 基本管理要求 | 设施设备档案、资料健全;完善运行记录;严格值班制度(持证上岗) |
| | | 供配电系统 | 保持该设施设备按国家技术标准要求范围正常运行,充分发挥该设备的最大功能 |
| | | 维护管理 | 各类设施养护良好,运行正常 |
| 5 | 公共秩序维护 | 资料档案 | 分门别类、装订正规、资料齐全,保存良好 |
| | | 人员出入管理 | 制订出入制度,严格出入手续 |
| | | 货物进出管理 | 安全、高效、及时、正规;无手续不放行 |
| | | 监控管理 | 24小时专人值班;监控设施维护及时、运行正常、减少盲区;记录完整,留存正规 |
| | | 巡逻管理 | 严格"两小时巡查制度",有针对性地对辖区内消防、治安真空重点布防,专人管理 |
| | | 清场管理 | 制定闭市清场制度,严格清场程序;确保商场消防、治安双安全 |
| | | 活动保障 | 物资、人员及时到位,措施得当,保障有力 |
| | | 消防管理 | 建立健全12项消防安全管理制度;严格落实"消防法","61号令"等消防法规,依法管理市场 |

# 第六章 商业街物业管理运作案例展示

续表

| 序号 | 服务名称 | 服务内容 | 服务标准 |
|---|---|---|---|
| 5 | 公共秩序维护 | 应急管理 | 制订各类突发事件预案并演练；确保安全 |
|  |  | 装修管理 | 制订装修管理办法，严格装修程序办理，规范装修行为监控，立即纠正违规行为；装修完毕及时归档 |
| 6 | 商场经营管理 | 市场占道管理 | 规范经营户的经营场地；时时纠正违规、违约行为并处罚；建立经营准入制度；向经营户开展帮扶经营工作 |
|  |  | 营销策划 | 策划方案具有前瞻性、全局性、创新性、系统性，尽可能地满足消费者需求和欲望 |
|  |  | 租赁业务管理 | 积极推动市场摊位的保值、增值，对市场提档升级引进品牌，去粗取精 |
|  |  | 招商及市场推广 | 招商定位明确，分工合理，市场推广有渠道，推广效果明显 |

## 四、组织架构与部门职责

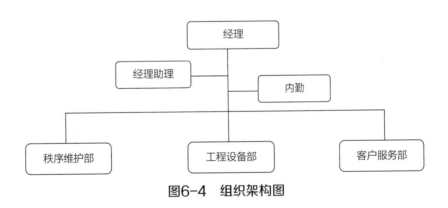

图6-4 组织架构图

### 1. 客户服务部职责

（1）负责协助商圈管委会和业委会对服务区域的客户服务管理，建立经营者入场经营管理标准，保障各项商务活动的有序运行。

（2）负责对客户报事、报修的接待、处理及回访，外来施工单位进场、装修等手续办理工作。

（3）负责服务区域内节能宣传及节能巡查统计工作。

（4）负责协调并监管商场安全、设施设备与环境保洁工作质量。

（5）负责定期收集、分析客户服务需求，提出持续改进的措施。

（6）负责本部门员工的招聘、培训、管理及工作检查、考核。

（7）负责物业管理区域内的环境保洁检查、考核等监管工作。

（8）完成项目安排的其他工作。

### 2. 秩序维护部职责

（1）协助业委会对服务区域治安、消防及交通秩序管理，保障商场安全工作有序运行。

（2）负责治安、消防监控室的操作使用与管理，落实消防档案及各类记录的整理和归档，做好各类故障、火险火灾信号及视频资料的储存和备案。

（3）负责商场安全巡查，处理各类安全投诉。

（4）负责各类突发事件的跟进与协作处理，对商场区域安全隐患积极梳理，落实整改。

（5）负责协调并监管商场客服、设施设备与环境保洁工作质量。

（6）负责定期收集、分析安全服务需求，提出持续改进的措施。

（7）负责本部门员工的招聘、培训、管理及工作检查、考核。

（8）完成项目安排的其他工作。

### 3. 工程设备部职责

（1）负责服务区域内房屋建筑物本体、共用部位、共用设施设备的维护保养，运行管理，确保房屋设施设备的正常使用，延长其使用寿命。

（2）负责服务区域供配电、电梯、给水排水等主要系统设施设备的使用操作、运行维护、维修保养以及设备外委维修保养的监管。

（3）负责服务区域内房屋建筑物本体、共用部位、附属设施的定期巡查、日常维护及维修保养。

（4）负责共用设施设备突发故障、事故的处置及抢修。

（5）负责物业工程档案资料、设施设备运行、维修保养等资料的收集、整理、归档及管理。

（6）负责服务区域能耗的统计、测算公示，服务区域能耗管控及项目节能降耗方案实施。

（7）负责审核业（商）户入场装修的水电、结构施工方案，参与装修施工监管及竣工验收。

（8）负责协调并监管服务区的安全秩序、客服与环境保洁工作质量。

（9）负责定期收集、研究、分析客户对设施设备维修、管理的需求，提出持续改进的措施满足客户需求。

(10)负责本部门员工的招聘、培训、管理及工作检查、考核。

(11)完成项目安排的其他工作。

## 五、岗位设置与岗位职责

### (一)岗位设置

**岗位设置表**　　　　　　　　　　　　　　　　　　　　　表6-10

| 序号 | 岗位设置 | 定员人数 | 作业时间 | 人均服务面积(m²) | 备注 |
|---|---|---|---|---|---|
| 一 | 行政部 | 3人 | | | |
| 1 | 经理 | 1 | 9:00~18:00 | 113593 | |
| 2 | 经理助理 | 1 | 9:00~18:00 | 113593 | |
| 3 | 内勤 | 1 | 9:00~18:00 | 21000、92593 | |
| 二 | 客服部 | 13人 | | | |
| 1 | 部长 | 1 | 9:00~18:00 | 113593 | |
| 2 | 商务部长助理 | 3 | 9:00~18:00 | 21000、92593 | |
| 3 | 商务管理员 | 9 | 9:00~21:00 | 21000、92593 | |
| 三 | 设备部 | 14人 | | | |
| 1 | 部长 | 1 | 9:00~18:00 | 113593 | |
| 2 | 领班 | 2 | 9:00~18:00 | 21000、92593 | |
| 3 | 运行工 | 7 | 24小时 | 21000、92593 | |
| 4 | 综维工 | 4 | 9:00~21:00 | 21000、92593 | |
| 四 | 协管部 | 33人 | | | |
| 1 | 部长 | 1 | 9:00~18:00 | 113593 | |
| 2 | 大领班(白班) | 2 | 9:00~21:00 | 21000、92593 | |
| 3 | 消防领班 | 1 | 9:00~18:00 | 113593 | |
| 4 | 领班(夜班) | 2 | 21:00~9:00 | 21000、92593 | |
| 5 | 协管员 | 12 | 9:00~21:00 | 21000、92593 | |
| 6 | 消防值班员 | 5 | 24小时 | 21000、92593 | |
| 7 | 值夜工 | 10 | 21:00~9:00 | 21000、92593 | |

续表

| 序号 | 岗位设置 | 定员人数 | 作业时间 | 人均服务面积（$m^2$） | 备注 |
|---|---|---|---|---|---|
| 五 | 保洁部 | 11人 | | | 外委 |
| 1 | 班长 | 1 | 8:00~21:00 | 30000 | |
| 2 | 保洁员 | 11 | 8:00~21:00 | 30000 | |
| 合计定员（人） | | 74 | 人均面积 | 1495 | |

## （二）主要岗位职责

### 1. 项目经理岗位职责

（1）负责主持项目日常工作，带领员工完成项目的所有职责与工作任务。

（2）负责项目职责分解制订年度、季度、月度工作计划，制订组织保障实施方案。

（3）负责组织实施各种工作计划与方案，调配资源分派任务，保障各项工作按计划落实。

（4）负责对服务区域进行巡查，对现场进行管理控制，处理日常管理过程中的各种问题。

（5）负责客户关系维护，处理客户的各种需求，协调各部门完成各项工作。

（6）负责定期组织对客户的需求进行分析，提出针对性的措施持续改善服务。

（7）负责组织员工招聘、培训、管理与绩效考核，做好员工团队建设。

（8）负责组织完成上级交办的其他工作。

### 2. 项目经理助理岗位职责

（1）在经理领导下负责管理处的全面工作，努力做好经理的参谋助手，起到承上启下的作用，认真做到全方位服务。

（2）在经理领导下负责管理处具体管理工作的布置、实施、检查、督促、落实执行情况。

（3）做好经营服务各项管理并督促、检查落实贯彻执行情况。

（4）负责对部门缺员进行推荐和员工招聘工作和招商工作。

（5）监督检查各部门、员工执行规范和员工出勤情况。

（6）确保公司各项规章、制度在商场内得到贯彻、落实。

（7）协助经理做好市场运营情况、发展趋势并依此做出对策及建议。

（8）及时反馈商场经营情况及经营对策。

（9）完成上级经理临时交办的各项任务。

### 3. 客户服务部长（主管）岗位职责

（1）负责主持客户部的日常工作，带领部门员工完成所有职责与工作任务。

（2）负责按部门职责分解制订年度、季度、月度工作计划，拟定商场各种服务活动的保障实施方案。

（3）负责组织实施部门各种工作计划与宣传策划方案，调配资源分派任务，保障各项工作按计划落实。

（4）负责对服务区域商业经营情况进行巡查，对管理服务现场进行管理控制，处理商场在日常服务管理过程中的各种问题。

（5）负责协调处理客户的各类商务活动需求，积极组织做好满足客户需求的工作。

（6）负责组织对商场服务区域商户招商、宣传策划需求进行分析，提出针对性的措施，持续改善服务品质。

（7）负责部门员工的招聘、培训、管理与绩效考核工作，做好员工队伍团队建设。

（8）负责外委保洁的监管工作。

（9）负责组织完成上级交办的其他工作。

### 4. 管理员岗位职责

（1）负责按商场经营管理要求，维护日常经营秩序，保障商场有序运行。

（2）负责服务区域内清洁、设施设备及商户经营情况的日常巡查管理。

（3）负责商户承租、转租、退租、装修等手续办理工作及监管。

（4）负责协调处理各类商务纠纷。

（5）负责拓展特约服务，按时收取服务费用。

（6）负责接受客户的咨询、报事、报修与投诉，并及时妥善处理，主动收集客户的需求并上报。

（7）负责服务区域内一切例外、异常、突发事件的处理，并及时报告上级主管。

（8）负责服务区捡拾物品的收集、管理、招领。

（9）负责服务区域内保洁监管工作。

（10）完成上级交办的其他工作。

### 5. 工程设备部长（主管）岗位职责

（1）负责主持工程设备部的日常工作，带领员工完成工程设备部的所有职责与工作任务。

（2）负责按部门职责分解制订年度、季度、月度工作计划及设施设备专业维保、专项检修计划，制订支撑各种服务活动的设施设备保障实施方案。

（3）负责调配资源，分派任务，组织员工完成设备管理、维修服务的各项作业任务。

（4）负责对服务区域进行巡查，对现场进行管理控制，维修保养、专项检修计划执行的监督检查，处理日常管理过程中的各种问题。

（5）负责协调处理各种需求，配合内部各部门满足客户的各项工作。

（6）负责定期组织客户对设备管理及维修需求进行分析，提出针对性的措施持续改善服务。

（7）负责组织员工招聘、培训、管理与绩效考核，做好员工团队建设。

（8）负责组织完成上级交办的其他工作。

### 6. 秩序维护部部长（主管）职责

（1）负责主持秩序维护部的日常工作，带领员工完成秩序维护部的所有职责与工作任务。

（2）负责按部门职责分解制订年度、季度、月度工作计划，制订各种安全服务工作的保障实施方案。

（3）负责组织实施部门各种工作计划与方案，调配资源分派任务，保障各项安全管理服务工作按计划落实。

（4）负责对服务区域进行巡查，对现场进行管理控制，处理日常安全管理过程中的各种问题。

（5）负责协调、处理各类安全突发应急事件，定期组织安全、消防等各项专业技能的培训及演练工作。

（6）负责组织对商场服务区域安全隐患进行分析，提出针对性的措施，持续改善安全服务品质。

（7）负责组织员工招聘、培训、管理与绩效考核，做好员工队伍团队建设。

（8）负责组织完成上级交办的其他工作。

## 六、日常作业组织

### 1. 行政服务作业组织（略）

### 2. 商场日常管理服务作业组织

（1）在商场营业时间9点至20点，商场管理室管理人员受理顾客问询、商户报事报修事项、入住转租手续办理及客户投诉事宜，及时调解处理顾客与经营户之间、经营户之间的各种纠纷。

## 第六章 商业街物业管理运作案例展示

（2）商场管理人员在商场开门后负责清点摊位到货数量，并对商场经营户进行考勤。

（3）营业期间，商场管理人员每日动态巡查商场内有无违规（如：打牌、下棋、吸烟、乱贴乱画等）、违约行为并制止；查看商场内设施设备数量，固定设施是否牢固等设施设备出现异常及时报检报修。

（4）商场管理人员动态巡查商场环境卫生，督促清洁工做好保洁工作；检查进场小贩是否有入场证，小贩是否及时清理商铺前餐具。

（5）对重要客户定时上门拜访，加强与客户的沟通和联系，掌握动态。

（6）闭市后对商场全面进行巡查，检查商铺门是否关好，办理装修手续商铺是否按审批内容进行装修。

### 3. 秩序维护服务作业组织

（1）商场进出大门、车库、重点部位及监控室等固定值守岗位实行 24 小时值勤。秩序维护员实行两班制，主要门岗位由部长（主管）主持集中换岗仪式，其他岗位由队员自行按规范换岗。

（2）商场公共区域、重点部位实行 24 小时定时巡逻制度。巡逻路线由部长提出，项目经理确认，每周更换一次，并报商场业委会备案。

（3）每天接班前半小时（以班组或区域为单位）组织召开班前会，对员工进行培训、安排布置当天的工作。

（4）每天中午 12:00 ~ 13:00 为固定岗位换岗吃饭时间，按顶岗替换安排进行换岗，不得缺岗。

（5）每月至少组织 4 次秩序维护员专业技能训练（不含班前班后培训）。

（6）每季度对消防器材进行一次检点、清理，保持消防器材的充足、有效。

（7）每半年进行一次消防应急预案的演练。

（8）每月组织一次秩序维护员专业训练，每年举办一次技能大比武。

### 4. 工程设备维护作业组织

（1）配电室实行 24 小时专人值守，实行三班四运转。负责供配电设备的停、送电倒闸操作，系统设备运行情况监控以及配电系统的维修保养。若遇市电停电，立即启动柴发机组，确保 15 分钟内（按合同约定时间）供电。

（2）中央空调：空调系统设备的开、关机操作，设备运行维护，日常维修保养及设备一般故障处置。实行两班制：早班为 9:00 ~ 18:00，中班为 13:00 ~ 21:00。

（3）消防、智能安防等弱电系统设备由监控秩序维护人员操作、运行监控；消防、智能安防等弱电设备日常巡查维护，弱电设备外委维修监管以及紧急、重大故障的配合处置。

（4）电梯、电扶梯使用管理及维修保养监管，配电系统末端、照明设备、给水排水系统等公用设施设备及附属配套设施的日常维修保养、商铺内客户报修处理等，由工程设备部综合维修工实行8小时服务。

（5）每月定时对服务区域水、电能耗用量进行抄录，汇总统计、测算分摊费用，并公示。

（6）每天中午11:30～12:30为固定吃饭时间，此期间配电室、空调值班室必须留人值守岗位（轮换吃饭），不得缺岗。

（7）每周进行专业知识、维修技能、作业规程等培训（不少于2课时），每年至少组织一次对设施设备突发事件的应急处置培训，并进行现场演练。

（8）每月编制维修材料、工具购置计划；对电（扶）梯月度维保（每月两次）跟进，柴发机组例行试车，召开月度工程例会。

（9）每季度对设施设备维保计划跟进落实。

（10）每年对设施设备年度维保计划及专项检修计划进行编制，并预算维保费用。

### 5. 环境服务日常作业组织

（1）清洁及保洁服务实行两班制（上一休一），上班时间为7:00～21:30。清洁服务区域实行"免干扰服务"作业。服务区域内主要路线、所有部位在商场9:00开店前须完成清洁工作。

（2）服务区域建筑物室内重点部位（卫生间、玻璃等）除日常清洁及保洁外并实行每周一次的定期计划清洁。

（3）每天以班组为单位组织召开班前、中、后、会，对员工进行培训、安排布置当天的工作，每周部门组织班长召开周总结分析会，总结本周工作并安排下周重点工作。

（4）每天中午11:30～13:00及下午17:00～18:30为商场换岗吃饭时间，由部门安排人员顶岗，不得缺岗。

（5）每月组织两次员工进行保洁专业知识及技能的培训，保证保洁员工专业知识和技能的稳定及提高。

## 七、重点管控作业服务流程

### 1. 商场宣传促销活动作业管控流程

（1）在重要假日来临前，商场拟开展促销活动时，与业主委员会（甲方）进行充分沟通，

## 第六章 商业街物业管理运作案例展示

已取得相应支持。并在开展活动2周前编制完成商场宣传促销活动方案,明确开展活动主题、时间周期、经费预算及来源、参与人员范围等事项(涉及须报商圈办备案事项的,应指定专人跟进)。

(2)活动方案获批后,商场客服部应按方案要求及时发布活动信息通知。通常情况下,客服部负责商户参与动员及资料物品收集,秩序维护部负责现场安全秩序维护和应急事件处置,工程设备部负责活动现场环境设施设备的搭设和运行管控。

(3)在活动开展期间,活动的开展以客服部为主导,秩序维护部、工程设备部相辅助,原则上项目员工停休。客户部做好现场活动的组织并留下影像资料;活动现场区域保洁定专人及场内增加频次;商场监控加强对场内客流变化情况监管,发现异常立即报告;工程设备部对活动设施设备定专人维护或定时巡查。

(4)活动结束,客服部应做好商户及顾客对活动开展情况的回访;工程设备部应及时将搭设的设施设备拆除,做到料清场地净;保洁人员及时对活动区域环境进行全面清洁;秩序维护部应及时将相应秩序维护物资(如:警戒带、喊话器等)规整到位。

### 2. 商场整合流程

(1)整合目的与整合思路。

(2)整合项目介绍。

(3)整合优势与劣势。

(4)成立整合小组。

(5)操作模式(租赁模式、整租协议、合作模式)。

(6)协议的签订(委托书、整租协议、物业条件)。

(7)组织实施表。

(8)总结。

## 八、工作检查与考核奖惩

### 1. 项目日常检查考核

(1)项目负责人

①每日对现场运行情况全面督查至少1次,并填写相应督查记录。

②每日审阅各部门工作日志并批阅。

③每月定期组织项目开展全面安全自查,并形成检查情况报告。

④按公司及分公司专项检查工作要求开展相应检查工作。

（2）项目专业部长（主管）

①每日对所管专业板块现场运行情况抽查至少两次，签阅下属各岗位值班（巡查）记录，并填写相应督查记录。

②每日完成当班工作日志的填写，交上级领导审阅。

③每月定期对专业板块全面检查，并形成检查情况报告。

（3）各岗位人员：每日岗位按规定时间、频次及内容要求进行巡查，并做好巡查记录。

（4）节假日、周末值班经理由主管以上干部轮流值守，作息时间为9：00～16：30，查看项目有无重大事件，向分公司值班人员报岗。

（5）夜间值班经理由项目主管以上（含主管）干部轮流值守，检查、巡夜、报告。

（6）主管以上干部必须每日书写工作日志或记录，项目经理每日对下属日志进行批阅、批复。

（7）以上作为项目固化的模式，项目月度考核结果每月上墙公示，每月员工大会集中通报表彰。

### 2. 甲方检查考核

（1）甲方根据合同要求及考核标准对项目进行的月度考核。

（2）甲方对项目服务品质、安全管理等方面事项所进行的动态考核。

（3）甲方或住户的投诉。

以上（1、2、3项）全部纳入公司考核，与年度管理目标挂钩。

### 3. 第三方检查考核

（1）第三方外审机构定期对公司、分公司、项目进行外审。

（2）相关政府主管部门对项目进行创优评审和专项检查。

（4）第三方参观检查。

### 4. 奖惩管理和奖惩标准

有关工作检查事项依据公司奖惩管理规定及相关作业文件要求进行奖惩考核。

## 九、例外工作与突发事件

### 1. 重要参观接待

（1）重要客户接待规格：市级科级以下干部由项目经理负责接待、市级局级以下干部由

## 第六章 商业街物业管理运作案例展示

分公司总经理负责接待、市级局级以上干部由公司分管领导负责接待、中央级以上干部由分公司报公司总经理，由公司总经理亲自接待或指定专人接待。

（2）项目各级人员得到重要客户来访信息应立即向上级报告，逐级报告至项目负责人，项目负责人应按公司事件报告制度中时限及流程要求，及时向分公司、公司报告。

（3）项目按照分公司或公司回馈意见，参照公司重要客户接待级别要求，组织做好相应筹备、现场接待工作。

### 2. 各类意外事件（突发事件）预案和流程

意外事件（突发事件）预案　　　　　　　　　　　　　　　表6-11

| 序号 | 预案类别 | 应急响应等级 | 责任部门 | 演练频次 | 资料存档时限及保存地点 |
|---|---|---|---|---|---|
| 1 | 自然灾害 | Ⅰ | 项目 | 每年一次 | 三年、档案归项目 |
| 2 | 事故灾害 | Ⅰ | | | |
| 3 | 公共突发事宜 | Ⅰ | | | |
| 4 | 消防、供水、防洪突发事故抢险 | Ⅰ | | | |
| 5 | 特种设备安全事故 | Ⅰ | | | |
| 6 | 治安事件 | Ⅱ | 秩序维护部 | | |
| 7 | 火灾 | Ⅰ | | | |
| 8 | 用电安全 | Ⅱ | 工程设备部 | | |
| 9 | 化粪池阻塞 | Ⅱ | 项目 | | |
| 10 | 意外伤害 | Ⅰ | | | |

注：①应急等级（Ⅰ级——非常紧急、Ⅱ级——较紧急）
　　②报告要求：Ⅰ级：项目责任人10分钟内向公司安全主管部门汇报
　　　　　　　　Ⅱ级：项目责任人8小时内向公司安全主管部门汇报
　　③处置流程：详见《突发事件报告制度》《安全事件应急处置制度》及《应急处置预案》

## 范例3：某步行街商铺物业管理方案

商铺是指从事具体商业行为的物业。按其经营方式主要为单体经营，集中管理的模式，对商业街商铺进行统一管理，是目前开发商普遍推行的一种方法，管理得好，对培育区域商业中心和商业品牌有重要影响。

对于开发商来说，开发、销售商铺是前提，但只有开发、销售是不够的，还必须成立专门的商业管理公司对商铺进行管理，才能长久发展。

目前国内商铺购买者有很多是依靠收取租金，归还银行商铺按揭贷款，在这种情况下，开发商对商铺的管理更为重要。如果商铺商业管理不力，影响商铺业主的租金收益，业主不能归还按揭贷款，最终风险还是要落到开发商的头上。

商铺统一管理的理念在于统一招商管理、统一营销、统一服务监督、统一物管。为了达到"统一管理，分散经营"的管理模式，在商铺销售合同中都应该约定承租户必须服从管理公司的统一管理。在法律上确定商铺管理公司的管理地位。

# 一、商铺的统一管理

## 1. "统一招商管理"要求招商的品牌审核管理和完善的租约管理

"品牌审核管理"指：招商对象须经品牌审核后才能进入。审核包括对厂商和产品的审核，须具有有效的营业执照、生产许可证、注册商标登记证、产品合格委托书（适用于批发代理商）、品牌代理委托书（适用于专卖代理商）、税务登记证、法人授权委托书等。

"完善的租约管理"指：签订租约、合同关键条款必须进入。租约管理包括约定租金、租期、支付方式、物业管理费的收取等，还有其他比较关键的租约条款管理。租户的经营业态是受到整个商铺的统一商业规划的限制，如果发生重大变化，须经业主委员会的认可（业主委员会成立之前，经开发商认可）；营业时间的确定；承租户的店名广告、促销广告的尺寸大小、悬挂位置、语言文字方面须接受统一管理；为整个商铺促销承担的义务；承租人对停车场的使用，确定有偿还是无偿，有无限制；投保范围事宜；是否统一的收银等。

## 2. "统一的营销管理"有助于维护和提高经营者的共同利益

由于目前商业竞争激烈，打折降价的促销竞争手段比较流行，以吸引购物者光顾。管理公司应该为商铺策划好1年(12个月)的营销计划，所谓"大节大过、小节小过、无节造节过"。

组织策划相关的促销活动，所发生的费用应预先与业主沟通预算，经业主同意后，对实际发生的费用按照承租户销售额的一定比例进行分摊。如果商铺统一收银管理，就能较好地执行按销售额分摊费用。

## 3. "统一的服务监督"有助于经营者间的协调和合作

商铺须设立由开发商领导、商业专家组成的管理委员会，指导、协调、服务、督承租户的经营活动，保证商铺的高效运转。

常见的方式有：指导项目：店铺布置指导、促销活动安排；协调项目：协调经营者之间的紧张关系，增进经营者之间合作；服务项目：行政事务管理；监督项目：维护商铺的纪律、信誉，协助工商、税务、卫生、消防等部门的管理。

### 4."统一的物业管理"有助于建筑空间的维护和保养

商铺的物业管理内容包括：养护建筑、维护设备、保证水电气热正常供应、公用面积的保洁、保安防盗、车辆管理、绿化养护、意外事故处理等。商铺各项设施的使用频率较高，统一管理有助于对物业设施设备有计划地保养与维修，增加使用的安全性和耐久性。

## 二、步行街商铺物业的管理特点

### 1. 顾客流量大

商铺进出人员杂，不受管制，客流量大，易发生意外，安全保卫工作非常重要，有些零售商品易燃易爆，因此消防安全不得有半点松懈。同时商场在发生突发事件时，疏散相对较慢。安全管理应特别慎重。

### 2. 服务要求高

要物业管理服务面向商铺置业人和使用人，向他们负责，一切为他们着想。促进商业物业保值、增值；同时为使用人和顾客营造一个安全、舒适、便捷、优美的经营和购物环境。这是商铺物业管理服务的根本原则。

### 3. 管理点分散

出入口多，电梯（客梯、观光梯、自动扶梯等）分散，需要的保洁、保安人员相对较多，管理点分散，管理难度较大是商业物业管理的特点。

### 4. 营业时间性强

顾客到商铺购物的时间，大多集中在节假日、双休日和下班及晚间，而平时和白天顾客相对少一些。统一店铺的开张及关门时间有利于商铺的整体形象塑造。开张、关门时间不统一会造成整体商铺经营的凌乱感，无序经营的印象，对顾客产生不良的心理影响。

### 5. 车辆管理难度大

来商业街的顾客,有开车的,也有骑车的,大量的机动车和非机动车对商铺周边的交通管理和停车场管理增加了压力。车辆管理好坏直接影响着步行街物业管理水平的整体体现。

## 三、商铺物业管理人员配备

商铺管理的人员配备原则是因事设岗、一专多能、精简高效、使业主感觉没有虚职,没有闲人,业主交纳的管理费都用在刀刃上。

### 1. 业主服务部

设主管一人,可由物业主任兼任。该部主要职能是业主接待与内部管理、下设业主接待员若干名,分别兼任行政人事、文书档案、计划财务、物料管理等职。接待员的多少主要依据于业主服务部的工作时间和工作量,通常每班保持两人便可。

### 2. 维保服务部

设主管一人,全面负责房屋、设备、设施的运行、保养和维修工作。该部门主要职能是保证商铺不间断地安全运行,使物业保值和升值。维保服务部的作业人员应根据商铺经营服务需要、商铺设备的多少和技术难易程度进行合理配置。

### 3. 保安服务部

设主管一人,全面负责商铺的门卫、巡逻、监控、消防和车管工作。该部门主要职能是安全防范与消防管理。具体作业人员根据商铺保安的值勤点、工作量和作业班次进行配备。

### 4. 保洁绿化部

设主管一人,全面负责商铺的室内保洁、室外保洁与绿地养护工作。该部门的主要职责是保洁服务管理和绿化服务管理。具体保洁和绿化作业人员根据商铺保洁范围、保洁面积、保洁频次以及商铺的绿化面积进行安排。

### 5. 经营服务部

设主管或兼职主管一人,全面负责商铺业主委托给物业管理公司的租赁代理、广告策划及项目开发等经营服务工作。该部门的主要职责是配合业主的经营活动,促进商铺经营销售和物业管理工作。

## 四、商铺的物业服务管理

商铺物业管理包含以下几个方面:商铺业主服务管理;商铺装修服务管理;商铺设备、设施维保服务管理;商铺建筑物的养护及维修管理;商铺保安服务管理;商铺保洁服务管理;商铺绿化服务管理;商铺经营服务管理;商铺广告管理;商铺保险管理。

### 1. 商铺业户服务管理

业主服务部有两部分工作职能,一是业主服务,二是内部管理。

(1)接待与联系

接待与联系是业主服务的重要内容之一,是物业管理方为业主、顾客提供服务并与业主、顾客进行交流的窗口。其主要职能与其他类型物业管理的业主服务一样,包括倾听建议和意见,接受投诉,安排维修和回访,收取管理费与内外联系等。

(2)纠纷、投诉接待

顾客在商铺购物因环境服务因素而来投诉。对物业管理方来说,所有投诉、处理结果都要有记录,作为年终表彰与履行"管理公约"业绩考核依据之一。

(3)报修接待

商铺铺位的照明或其他设施出问题,对业主营业将造成很大的影响。业主报修,应迅速做记录,填写《维修任务单》,即时派维修工到现场抢修。

(4)走访回访

接待员的走访内容包括三方面:一是听取业主和商铺方对物业管理服务的意见、建议;二是对报修后的维修结果进行回访;三是对业主的礼仪、形象、环境、广告、装潢等方面的不足之处做出提示、督促改进,晓之以理,动之以情,用实际行动去感化业主,让他们明白:我们所做的一切,都是为了商铺的自身形象,我们的目标是一致的。

(5)内外联系

商铺内部联系:商铺的内部联系包括向业主收取租金、管理费、水电能耗费、铺位的报修抢修费等;向商铺方收取物业管理费、能耗费。商铺服务管理做得如何,必将影响到收缴率的好坏。

商铺的外部联系:商铺与街道、居委、警署、消防、劳动、环保、水、电、煤、电信及媒体都有业务上的联系,如处理不好这些关系,会使商铺的经营活动很被动。处理得好,往往事半功倍。

### 2. 商铺装修服务管理

商铺往往以整个层面向外出租,出租后,由承租商依据经营要求,提出装修申请;也有的业主把一个层面装修完毕之后出租铺面。承租商户对铺面只能通过申请批准后做一些小的变动装修，装修管理应做好以下几个方面：建立周全、详细、便于操作的管理制度；专人负责对工程实行严格的监督；选定资质高、信誉好的工程承包商进行装修；对装修现场进行监督管理。

（1）商业铺面制定装修管理规定的要点

二次装修过程应遵守物业管理处制定的《二次装修施工管理规定》业主装修需使用电焊、气焊、砂轮、切割机等设备的，应严格遵守《商铺动火申请制度》的各项规定；禁止擅自更改水、电管线及负荷用电；装修完毕后，物业管理处根据装修前业主递交的经认可的装修设计图、装修协议，对工程进行竣工验收，如发现有违反装修设计图及装修协议某些条款的，应视情节轻重做不同的处理。

为了保证业主在装修过程中不损伤楼宇结构等重要部位，装修工程施工方由物业管理处选定还是由业主选定应视工程涉及的方面来确定，通常分以下几种情况：凡涉及电力设备（由铺外的配电架至铺内的终端空气开关箱等）进行增建、改装的；为该层的消防设备（包括消防喷淋装置、管道、警铃等）进行增建或改造的；为该层的电梯、自动扶梯进行增建或改装的，以及电视监控系统、公共天线分布系统等进行增建或改装的，都由物业管理处选定工程实施工方。业主则按工程费用的一定比例支付给物业管理处作为工程监督管理费。凡涉及铺面、商号招牌、天花板、墙面、墙壁装饰、内部间隔，水管、排水道、电力装置，通风设备、电话等小规模装修可由业主自行选定工程施工方，也可由物业管理处选定施工方。业主递交的装修设计方案所附的图纸，应包括：清楚显示楼层内部间隔的平面图；楼层平面图的正视图、切面图（附铺面、商号招牌的细节）；排水系统的分布图（附有关细节）；电力供应设备分布图及电线敷设简图（附有敷设电线资料及负荷量）；照明设备位置图；假天花的平面，切面图；及其他一些物业管理处或商铺要求提供的建筑细节；装修工期、开工期、防火措施、环保、环卫要求、违约责任、施工期保险等。

（2）装修现场监督管理

在施工过程中，物业管理处应派专人在现场进行管理。管理的内容主要包括 3 方面：对施工人员的管理，以及对工程是否按图施工、按"装修协议"要求和对装潢现场环境卫生（装潢垃圾）进行监督管理。

### 3. 商铺设备、设施维保服务管理

商业物业的日常养护标准较高，维修要求严，其内容同办公楼相似，但其方式不同。商业物业的重点在于各种设施、设备上，因为商业物业设施设备使用频率较其他物业相比是最高的一类，设备、设施养护及维修管理的好坏直接影响经营环境和经营活动的正常运行。一些设备如电梯、自动扶梯等易出故障的设施设备，保证其正常运行主要靠平时养护。

## 第六章 商业街物业管理运作案例展示

商铺设备管理主要是防止商铺停电和保证中央空调、自动扶梯的正常使用。商铺供电需要绝对保证，因为一旦停电，漆黑的营业厅将给顾客、商品和营业款带来不安全的因素，对商铺声誉带来不利影响。所以应选派优秀员工，日夜监测电气运行状况和空调系统、自动扶梯的运行状况，一有异常情况及时安排维修，确保电气和中央空调、自动扶梯正常运行。

### 4. 防窃防盗的管理

超市类商铺出入口不宜太多，太多的出入口对商品将带来不安全因素。在商品出入口应设置便衣保安，其职责检查带出的商品是否有发票，是否是合法的商品购置行为；大型商铺在进货和为顾客送货（大件）时，由于商品货量大，堆在商铺外场地上，容易给不法之徒以可乘之机，这时保安就要提高警惕，防止商品被盗；商铺在逢年过节、双休日时有较多的顾客；或商铺搞促销，如限时商品优惠；或凭广告券免费领商品时，都会造成柜台前人头攒动的拥挤现象，不法分子会乘机作案盗窃钱包，这时保安就应上前维护秩序，保障顾客人身与财产的安全；商铺为使收银活动安全，收银员换班或营业结束，将钱款解送至总收银柜或商铺管理部门，这时保安应上前保护收银员以及钱款安全，防止歹徒抢劫；一些盗贼在商铺关门前躲在商铺内隐蔽处，等到深夜出来作案，第二天开门后又混在顾客中出门。故商铺关门后保安要仔细检查商铺各角落、隐蔽点、夜晚值班时要提高警惕，加强巡逻；对夜晚值班保安的素质要求应较高，夜晚值班应排出两名以上保安和一名管理人员，商铺夜晚应采取必要的技防措施。防范恶性事件和突发事件。

商铺入口是保安的第一关，保安人员责任心要强，善于察言观色。发现可疑人员，用对讲机报告商铺内的便衣保安员加以注意。

商铺发生突发事件，保安、管理人员应按《应急事件处理规程》操作。防止事态扩大，注意保护现场，及时向上级报告或呼叫救护车。

### 5. 消防管理

商铺内人流大，楼梯、通道（尤其是防火楼梯、通道）相对面积较小，这给火灾时的人员疏散带来很大困难，商铺消防工作的重要性不言而喻。鉴于防止火灾的重要性，商铺都安装有先进的火灾探测装置（烟感探测器和温感探测器）和自动灭火装置（喷淋装置）。这些装置直接与火灾自动报警系统联网。只要某个地方出现火情，烟雾和温度各达到一定的限度，这两种装置便自动通过导线将报警信号传输至报警器，进行有效监控与预防。

### 6. 商铺保洁服务管理

商铺的环境有外部环境和内部环境。外部环境包括楼宇的外墙、附属建筑设施及周围的绿地、广场、停车场等；内部环境包括过道、扶梯、自动扶梯、电梯、卫生间、会议室等一切公用场所，以及业主的铺内、办公室内等非公用部位。搞好商铺的环境卫生和绿化养护的主旨在于创造整洁优美、和谐怡人的商业氛围，为业主提供一个理想的经营环境，为顾客提供一个轻松愉快的购物环境。

### 7. 商铺绿化服务管理

（1）商铺绿地管理

商铺外围的绿地，在基建时就已定型，商铺整体绿化风格和局部独立的构图要统一协调，水平绿化和垂直绿化要相得益彰。为保证草坪生长良好，劝阻顾客、游客进入草坪；保持绿地环境整洁；及时清除死株、病株，缺株要补檀：定期对花木修剪整形；发现病虫害要进行捕捉或喷药，药物防治要注意安全，并挂警示标识；草坪要经常除杂草：定期轧剪，每季度施肥一次，施后浇水或雨后施撒；台风前对花木做好立支柱、疏剪枝叶的防风工作，风后清除花木折断的枝干，扶正培植倒斜的花木。

（2）商铺室内绿化管理

花卉摆放前要有设计图，造型变更要有小样图，与商铺总体设计风格相协调；花卉上挂名称牌，简介花卉学名、俗称、习性，宣传养花的常识，争取业主和顾客的配合，共同创造幽雅清新的购物环境，同时又陶冶情操，增加商铺的文化氛围；花卉搬运时，注意保护花卉株形不受损伤，不散落盆泥，注意场地整洁；商铺人流量较大，因此商铺内摆放的花卉要经常检查，及时修剪，清除黄叶，枯萎的花卉立即更换：由于各点摆放位置的光照度不一，花卉就要定期相互调剂、更换位置。

## 范例4：杭州农副物流中心逸盛路商业街管理制度

## 总则

**第一条** 为加强和规范商业街的管理，维护商业街的正常秩序以及公共设施的完好，使商业街达到环境整洁、安全有序、收费及时、繁荣兴旺的管理要求，制定本制度。

**第二条** 本制度所称商业街，是指杭州农副产品物流中心逸盛路商业街。

**第三条** 商业街管理处，负责商业街楼宇的公共设施维护、装修审批、临时占道、物业费水电费收缴等组织协调工作。

## 第一章　租户接待处理

**第四条**　接到投诉（电话投诉、来访投诉、来函投诉）及时拜访租户，首先安抚租户的情绪，认真听取租户的意见和投诉，并且对于用户所说的内容进行详细的记录。

（一）判断投诉内容能否处理；根据用户所投诉的情况，看是否自行处理。若无法立即处理，则向租户说明情况，安抚好租户情绪，并及时上报部门；将租户的情况向部门进行详细说明，若能自行处理，则派单进行处理，仔细的记录好内容。

（二）在自行可处理情况下：

（1）向租户制定、提出相应的处理措施，（处理措施要考虑全面），并向租户说明措施和做法，征求租户的意见，若租户认可该处理，则实施处理，处理过程中要细心和耐心，处理结束以后要回访确认，与租户保持良好沟通，询问处理后的情况，努力得到租户的认可。并向租户承诺，以后会做得更好。

（2）若租户不认可所提出的处理措施，与租户商量改进处理措施，努力得到租户认可，态度要积极良好，争取处理。实在无法达成处理措施的共识，则安抚租户的情绪，并告知会尽快请部门来处理。积极跟进处理过程，及时回访确认处理后续情况，直至租户认可处理。

（3）回访租户确认后，向租户承诺今后会努力做好，有什么事情也及时联系。最后在回访确认后汇总投诉处理单，做好总结，改进工作。

（三）不可处理情况下：

（1）将情况上报部门，向其说明情况，并解释无法处理原因，由部门判断能否处理，处理过程如上；若还需向上级报告，则应和租户联系说明情况，并且尽快联系上级。

（2）若部门仍无法处理则应上报至市场处，决定其如何处理。无论方式如何处理，都应该了解处理过程，与租户保持良好的沟通。

## 第二章　水电费收缴管理办法

**第五条**　新用户自办理相关手续当日起开始计收水电费。

**第六条**　对于租赁合同到期未签或提前解除合同的，水电费单据生成时间为合同截至当天。

**第七条**　物业管理员每月10日左右完成商业街分表与公共区域申表的抄送，并做好详细书面以及电子档案。

**第八条**　物业管理员在计算水电表度数过程中，如发现异常现象，首先应对照上月读数进行复核，度数确保无误，因及时通知商户，如不能确保正常，应及时通知电力部门与水厂维修或更换表，同时向商户说明维修或换表情况。

**第九条** 物管部接到水电费单据的时间为每月 10 日，经核算到发放水电费通知单为 10 天，水电费单据发放到当月 20 日，商户接到水电费通知后 5 日之内及时缴纳。

**第十条** 产生水电费单据的时间为每月 20 日，在生成每月水电费单据之前，物业管理应认真核对，新生成费用的商户名称，上月费用等数据。

**第十一条** 物业管理员在生成水电费单据后应尽快通达商户手中，并双方签字确认，如有商户对单据上数据有异常，应帮助协查，并确定是否单据有误，如单据确定有误，应立即更改单据，并提供正确的单据。

**第十二条** 缴纳时间与方式：每位商户在当月 25 号前须缴纳上月所产生的水电费用，可以到商业街物管部或到中信银行物流支行缴纳，缴银行商户须将回单及时交到商业街物管部，管理员在确定收到款项后开具水电费收据。

**第十三条** 对于超出缴纳期限欠费的商户，将采取相关的措施，并依据房屋租赁合同，必要时终止租赁合同。

## 第三章　物业费收缴管理办法

**第十四条** 商业街房屋的物业管理费，原标准不变，仍按建筑面积每月每平方米 3 元收取，缴纳方式：于起租期的上月开始向承租户一次性收取下一年的物业管理费，依此类推。

**第十五条** 承租户在接到物管部的缴纳通知单后，应于三十日内（含双休、节假日），到商业街管理处缴纳物业费，或到中信银行缴纳，回单须尽快交到管理处或银行的票据柜；管理处收款人员在收到款项后应及时开具发票。

**第十六条** 对于超出缴纳期限的承租户，杭州农副产品物流中心管委会将停止商户的装修、营业执照、临时占道等相关手续的办理，杭州农副产品发展有限公司也将停止服务范围内的一切活动；并视情况，保留中止房屋的租赁合同。

## 第四章　租金收缴管理办法

**第十七条** 商业街房屋的租金收缴办法，严格按照房屋《租赁合同》中所约定的"租金及支付方式"执行：先付后用。按照合同约定时间支付其房屋的合同履约保证金及每年的房屋租金。

**第十八条** 合同乙方应提前 15 天支付下一期租金并在规定时间内必须将房屋租金缴入

合同甲方银行账户。甲方在收取租金时向乙方提交符合国家规定的票据。

**第十九条** 对于租金超出缴纳期限的承租户，合同甲方将停止对该承租户所承租房屋的装修、营业执照、临时占道等相关手续的审批办理，同时停止服务范围内的一切活动；并根据房屋《租赁合同》的相关条款合同甲方有权解除合同。

**第二十条** 房屋《租赁合同》期限内，合同乙方有多次逾期缴纳房屋租金的，视为自动放弃《租赁合同》所约定的优先权，并不得再次参与该房屋的租赁使用权。

## 第五章 消防职责和要求

**第二十一条** 消控室的要求与职责

（1）遵守消控室的各项规章制度，认真履行岗位操作责任制，对各种消控室设备实施监控和操作，不得擅离职守。

（2）熟悉和掌握消防设施的功能和操作规程，熟悉各种按键的功能。

（3）负责对消防设施进行每日检查，认真记录各种控制器的运行情况，掌握和了解消防设施的运行、误报、故障等有关情况，并填写《消防安全监控室值班记录表》，做好交接班工作。

（4）对消控室设备及通信器材进行经常性地检查，定期系统检测，协助技术人员做好修理维护工作，保证设备运行正常。

（5）消控室维修技术人员定期对责任区域内的线路、手报、烟感及泵房进行检查发现问题及时处理维修，并做好检查维修记录。

（6）维保人员在接到物管处维修通知后应在1小时内到达现场，普通故障应在6小时内处理，最多不得超过24小时。

（7）消控室值班人员必须持证上岗，严禁无证操作。维保单位须经常向单位负责人报告消防的运行情况，协助做好防火、灭火工作。

**第二十二条** 火灾报警处理流程

（一）火灾报警

（1）火灾报警控制器报出并显示火警信号后，消控室值班人员应依据报警信号确定报警点具体位置。

（2）消控室人员立即携带通信设备尽快到达现场查看、确认是否有火情发生。同时留守消控室的人员也应打电话给报警点确认火情，并随时准备实施系统操作。

（二）火灾处理流程

（1）如确有火灾发生，现场火灾确认人员应立即向消控室反馈火灾确认信息，同时协助疏散现场人员。

（2）消控室内值班人员在接到现场火灾确认信息后，必须立即将火灾报警控制器转入自动状态。

（3）拨打119火警电话报警

①拨通"119"火警电话后，应确认对方是否是火警受理台。

②准确报出建筑物所在地址、简要说明起火原因、起火物质及火势的大小。

③挂断电话后，立即通知物管处切断电源并做好迎接消防车的各项准备工作。

（4）消防值班人员要立即向单位负责人报告火情并立即启动内部灭火和疏散预案。

（5）启动相应的联动设备。如消火栓系统、喷淋系统、排烟系统等消防设施。

（6）消防队到场后，要如实报告情况，协助消防人员扑灭火灾，保护现场，调查火灾原因，做好火警记录。

（三）误报火警的处置方法

（1）如现场火灾确认人员确认系误报，通知消控室人员进行复位操作，并填写记录。

（2）如复位后，仍报火警，立即通知维保人员进行维修处理，并填写记录。

**第二十三条　物管处消防职责**

（1）检查并监督消控室值班人员劳动纪律。

（2）定期对商业街的消防设施、疏散通道、消防器材进行检查，发现问题要求及时整改。

（3）在检查过程中发现消防设备（如消防线路、手报、烟感）存在故障，立即通知维保单位进行维修。

（4）对正在装修的单位要求其按照消防部门的规定进行装修，对动火的施工单位开具动火证手续，并要求对其现场进行安全监督。

（5）每月定期对商业街消防设施进行检查，根据检查情况做好记录。不定期专项检查防火安全措施是否真正落实，消防设施是否完好。根据商业街的特点，配合有关安全活动，进行节前（五一、国庆、春节等）消防安全大排查。

检查内容：

（1）消防通道是否通畅，疏散标志是否完好。

（2）整个消防系统运行是否正常。

（3）灭火器、消火栓是否有效。

（4）各种消防安全制度、措施和消防知识的宣传是否得到落实，有关资料记录是否完整、真实。

## 第六章　维修流程

**第二十四条**　物业管理员日常检查、维修、保养时必须佩戴工作证，在和租户接触时言行举止要得当，日常检查维修时发现问题要及时处理，不得以各种理由拖延时间或推脱，维修设备设施时潦草了事等，维修人员必须完成物业管理区域内的报修任务和设备设施保养任务，维修率必须达到100%以上，维修人员必须做好各物业管理区域内的设备设施建立台账。

**第二十五条**　物业管理人员接收维修事项，并对维修过程进行跟踪，针对报修项目进行回访，维修人员每周对日常维修记录进行汇总统计，报市场部经理。

**第二十六条**　遇紧急报修事件，（如漏水、火灾、人身安全受到威胁等情况）管理人员需仔细倾听事件的情况，详细记录报修人的联系方式及具体位置，并立即派人员赶到现场，同时报告上级部门听从指示进行妥善处理。

**第二十七条**　项目维修，物业管理维修人员须及时赶往现场，事前、事中、事后拍照留存，对施工材料、人员等具体情况做好记录。项目完工后，由市场处派验收组进行验收。

**第二十八条**　每天晚上商业街物管部有一名值班人员值班，接到商户报修后，记录填写好"夜间值班记录"，如发现问题应立即联系维修人员赶到现场查看及维修，值班人员将维修进展最终状况及时填写在"夜间值班记录"上。

## 范例 5：某酒吧街外摆优化管理方案

为结合"欧美风情街"的经营特色，充分展示 XX PARK 酒吧街的新形象，使 XX PARK 酒吧街成为"欧美风情街"的一道美丽的风景线，特对 XX PARK 酒吧街拟定了如下管理办法：

### 一、酒吧街外摆区物品管理

（1）明确规范各商户外摆区的经营范围，经营区域以外（包括人行通道及消防通道）不得摆放任何物品，人行通道及消防通道必须留有 2.5m 的宽度，各商户的桌椅、雨伞、绿化植物等经营物品严格要求摆放在各商广外摆的经营区域内。

（2）要求各商户使用统一风格的桌椅，不得随意摆放，要求整齐、有序的摆放，金属椅脚必须做好保护，以免锈迹渗透入地板。

（3）雨伞、暖炉、风扇在不使用的情况下不得分散摆放，必须统一整齐摆放在规定的位置。

雨伞在更换时要求印有"XX PARK"的统一字样；暖炉、风扇要求统一摆放在店铺门口靠边摆放。

（4）卫生用具使用完毕后统一摆放在店铺内，不得在外摆区摆放，外摆区必须按要求统一摆放有盖的垃圾桶。

（5）酒桶、酒瓶、托盘、骰钟、餐牌等经营物品在结束营业后统一整齐规范摆放在店铺内或外摆吧台内，不得将此类物品随意摆放和摆放在显眼处。

（6）绿化植物、隔离栏、广告牌、咨询台必须摆放在外摆区内，不得超越经营范围摆放或摆放在人行道和马路边上。

## 二、酒吧街外摆区卫生管理

（1）营业结束后必须对外摆区地面及桌面的卫生进行清理，所有垃圾、酒瓶必须打包运到负二楼垃圾站内，不得堆放在外摆区内过夜。

（2）每周必须对外摆区的地面做两次以上的冲洗处理。冲洗必须在18:30完成，以免对其他商户造成影响。

（3）雨伞、暖炉、广告、垃圾桶等物品必须每周做一次以上的卫生清洁。保证经营物品的卫生情况。冲洗必须在18:30完成，以免对其他商户造成影响。雨伞使用半年更换一次。

（4）每三个月必须对店铺门面及招牌灯箱进行一次以上的擦洗处理。擦洗必须在18:30完成，以免对其他商户造成影响。

（5）绿化植物要每月进行维护或更新，保持绿化植物的茂盛生命力。

# 附 录

# 商业街管理国家、地方技术规范

# 附件一：中华人民共和国国内贸易行业标准《商业街管理技术规范》

## 1. 范围

本标准规定了商业街管理技术的术语和定义、设置要求、商业街管理要求。

本标准适用于 3.1 定义的商业街设置与管理要求。

## 2. 规范性引用文件

下列文件中的条款通过本标准的引用而成为本标准的条款。凡是注日期的引用文件，其随后所有的修改单（不包括勘误的内容）或修订版本均不适用于本标准。然而，鼓励根据本标准达成协议的各方研究是否可使用这些文件的最新版本。凡是不注日期的引用文件，其最新版本适用于本标准。

- GB/T1000 1 公共信息标志用图形符号
- GB15630-1995 消防安全标志设置要求
- GB/T17217-1998 城市公共厕所卫生标准
- JGJ48-1988 商店建筑设计规范
- JGJ50-2001 城市道路和建筑物无障碍设计规范

## 3. 术语和定义

3.1　商业街 commercial street

商业街是指能够满足人们商业的综合性、专业性和社会性需要，由多数量的商业及服务设施按规律组成，以带状街道建筑形态为主体呈网状辐射，统一管理并具有一定规模的区域性商业集群。

## 4. 商业街设置

4.1　商业街环境要求

4.1.1　选址要求

4.1.1.1　商业街选址应符合本城市和地区的城市规划和商业网点规划要求。

4.1.1.2　交通便利，辐射范围广。

4.1.1.3　邻近道路可负担该区域车流量时，可设计为步行街。

4.1.1.4　在商业街安全范围内不应有生产或存储易燃易爆危险物品的场所。

## 附 录 商业街管理国家、地方技术规范

4.1.2 商业街内一般环境

4.1.2.1 以带状街道建筑形态为主体，商业街的长度一般以 300 ~ 800m 为宜。商业街可按街内设施和人流量确定其宽度，商业街的宽度一般在 20 ~ 30m。

4.1.2.2 道路的地面应坚固、平整、清洁、防滑。

4.1.2.3 商业设施建筑应符合 JGJ48-88 的要求。

4.1.2.4 建筑风格、景观设计、户外广告、公共设施设置应确保商业街环境的总体特色和风貌。

4.1.2.5 环境应整洁、卫生，绿化的种植及养护应符合当地绿化主管部门的规划设计和要求。

4.1.2.6 各种标识应设置齐全，符合 GB/T1000 1 的规定。

4.1.2.7 有条件的商业街应设有专用机动车、非机动车停车场，停车场面积应视商业街规模而定。若是步行商业街，则机动车禁行或限时段通行，且商业街周边应设置停车场。

4.2 设备设施要求

4.2.1 应有良好的照明、排水等设施，消防设施应符合国家相关要求。

4.2.2 应设有公厕，公厕的数量、面积、条件应与商业街面积、条件相匹配。公厕应符合 GB/T17217 的要求。

4.2.3 应有垃圾分类回收及简易处理设施。

4.2.4 应配置无障碍设施并应符合 JGJ50 的规定。

人行道在交叉路口、广场路口、人行横道、地下通道等路口应设缘石坡道。人行道、人行横道、人行天桥、地下通道及主要公交车站应设盲道。在商业街的人行天桥和地下通道，应设轮椅坡道和安全梯道，在坡道和梯道的两侧应设扶手。

在城市广场、步行商业街、人行天桥、人行地道等无障碍设施的位置，应设国际通用无障碍标志牌，其大小与其观看的大小相匹配，规格为 0.10m×0.10m 至 0.40m×0.40m。商业建筑的入口宜设无障碍入口。

4.2.5 夜景灯光应当符合街景规划，与商业街的总体环境、格调相协调，同时应当符合当地有关节能的要求。

4.2.6 店外所有凸出招牌、广告、标志均应安全牢固并保证功能良好。商店门窗、牌匾、招牌、橱窗、广告、标志、店外照明和临街外墙的装修应与商业街总体风格保持协调。

## 5 安全

### 5.1 消防

5.1.1 商业街内建筑应符合 JGJ48-88 的要求。

5.1.2 商业街内应设有消防通道，有各种明显规范的消防标志，并符合 GB15630 的要求。

5.1.3 根据国家有关规定要求，商业街内应配备消防设施，经消防主管部门检验合格。

5.1.4 商业街内应设立消防组织，有火灾应急预案，确保有效运转。

5.1.5 易燃性、易爆性商品实物不得在商业街内展示。

5.2 安全

5.2.1 商业街应建立健全保安防范组织，商业街应设有治安值班室。保安人员应经过专业培训，持证上岗。要求保安员具有职业素质，熟悉保安法律、消防、危险物品管理和安全技术防范等知识，了解各类突发事件的处置方法，能有效地执行保安守护、巡逻等业务。

5.2.2 商业街管理机构应建立治安安全管理制度、消防安全检查和监督制度，并配合公安部门做好治安、消防、交通管理工作。商业街应建立健全安全防范制度，建立突发事件应急预案，保证迅速启动。

5.2.3 商业街有标志明显的紧急疏散撤离通道、安全出口、应急照明设施等。

根据商业街的实际情况设计安装安全设施，应符合下列规定：

5.2.3.1 应安装必要的报警装置。

5.2.3.2 应安装必要的视频安防监控装置，对某些特别活动区域实施监视和录像。

有条件的商业场所，周界防护设计应符合下列规定：

营业场所与外界相通的出入口，应安装入侵探测装置、视频安防监控装置进行监视、录像，回放图像应能清晰显示进出人员的体貌特征。

营业场所宜安装室外周界防护子系统。周界出入口宜配置电动门、应急照明、视频安防监控装置和出入口控制装置。

## 6. 管理

6.1 商业街管理机构

6.1.1 商业街管理机构对商业街内的市容环境卫生与绿化、公共秩序与交通安全、公共设施、商业经营等实施日常监督管理，进入商业街的单位和个人应当服从商业街管理机构的管理。

6.1.2 商业街管理机构应对各职能主管部门在商业街内执行公务予以协助。

商业街范围内的座凳、花坛、雕塑、景观小品、公共厕所、垃圾站及未归口主管部门管理的其他公共设施，由管理机构负责或协调管理和维护。

6.1.3 商业街管理机构执行管理职能时应秉承"公开、公正、公平"的办事原则，提高工作效率，维护管理当事人的合法权益。

6.2 建立商业街环境卫生管理制度，维护公共场所环境卫生

6.2.1 在商业街内，不应随地吐痰、弃口香糖、便溺，不应随意倾倒垃圾、污水及其他废弃物。

6.2.2 不应擅自拆除、迁移、占用、损毁、封闭环境卫生设施。

6.2.3 装卸货物后必须及时清理场地。

6.2.4 督促落实环境卫生责任区内的清扫保洁工作。

6.3 制定商业街绿化的相关规定，严禁损害商业街绿化

6.3.1 不应在草坪、花坛等绿地内设摊、搭棚、堆物堆料、乱倒乱扔垃圾、排放污水污物、晾晒衣物。

6.3.2 不应践踏绿地、攀折树枝、采花摘果、剪取种条、偷取草花和盆花、取土堆土等行为。

6.4 加强商业街环境保护，防止各种污染环境行为发生不应违反规定随意安装空调器、冷却、废气处理等设施。

6.5 加强商业街公共秩序管理，使商业街安全有序

6.5.1 应有限制各种损害商业街公共秩序、影响商业街容貌、扰乱商业街公共安全行为发生的制度规定。

6.5.2 规范商业街内举办各种活动的管理规定，建立完整的申报、审批、备案的工作流程和制度。

6.5.3 商业街内不应出现有碍商业街整体容貌的行为：

不应擅自新建、扩建、改建建筑物，进行建筑物临街立面装修。

不应擅自设置景观灯光设施。

不应随意设置户外广告，或者设置公益性宣传牌（栏）、宣传标语。

6.6 协同做好交通管理

6.6.1 商业街管理机构应协助交通管理部门做好该路段的交通管理工作，使商业街内及周边地区交通有序。

6.6.2 进出商业街的所有车辆和行人应当遵守道路交通安全法律法规和该商业街交通管理方案的有关规定。

6.7 商业街内公共设施的日常管理与维护

6.7.1 商业街管理机构应当协助有关部门和单位做好公共设施的日常管理和维护工作，发现公共设施损坏的，应当及时督促有关部门和单位予以修复。

6.7.2 商业街管理机构负责商业街内雕塑、景观小品等的日常维护以保持整洁干净，达到美化便利的目的。

6.7.3 管理机构对商业街内的景观灯光设施、各商店外立面灯光、楼宇内部临窗的灯光设施和广告设施等灯光系统实行统一管理，确保对灯光系统的有效控制。

6.7.4 商业街内的公共设施不得随意迁移、改动；确需迁移、改动的，应当依法征得有关管理部门批准。

6.8 商业街经营活动管理

6.8.1 商业街管理机构应当积极对外宣传、推介商业街，组织、支持商户开展主题商业文化活动，提高商业街的知名度和吸引力。

6.8.2 商业街管理机构应当协助商贸、工商等行政管理部门做好商业街的发展规划、市场调研、业态布局和业种引导、经营秩序管理等工作。

6.8.3 商业街管理机构应当组织和指导商业街内的商户制定商业街商业经营管理公约，引导商户参加或者组建相关的行业协会，实行自律管理，维护业主、商户的合法权益。

6.8.4 商业街管理机构应当建立和完善消费者投诉渠道，及时调解商户和消费者之间的纠纷，保护消费者的合法权益，维护商业街良好的经营秩序。

6.8.5 在商业街内从事商业经营活动的单位和个人，应当守法经营、公平竞争、文明经商、诚信服务，保持商业街的业态定位，创建经营特色和服务品牌。

6.9 商业街服务管理

6.9.1 有条件的商业街应设立服务台和指示导图。

6.9.2 服务台配备专人负责，为消费者提供问询便利服务。

6.9.3 商业街内设置各类导向标志或解说标牌，应当合理明确，采用符合国际标准的公共信息图形符号和多国语言标志。

# 附件二：《深圳市东门商业步行街区管理暂行规定》

## 深圳市东门商业步行街区管理暂行规定

**第一条** 为加强和规范深圳市罗湖区东门商业步行街区（以下简称步行街区）管理，把步行街区建成环境优美、秩序良好、安全文明、服务周到、商业繁荣的一流街区，根据有关法律、法规及规章，并结合步行街区的实际，制定本暂行规定。

**第二条** 本暂行规定所称的步行街区，是指根据城市规划和法定图则设置，位于深圳市罗湖区东门路以西、立新路以南、新园路以东、深南辅路和永新街以北内侧人行道范围内的，集商贸、游乐、观光、休闲、居住、办公为一体并在规定时间内禁止车辆通行的步行街区。

**第三条** 凡在步行街区内经营、购物、旅游、居住、执行公务的单位或个人应遵守本暂行规定。

**第四条** 罗湖区人民政府授权蛟湖街道办事处设立商业步行街区专门管理工作机构（以下简称专门工作机构），依照本暂行规定对步行街区范围内的市容环境卫生、公共设施、治安交通秩序、市场秩序、公共物业管理等具体公共事物进行协调和日常管理。

**第五条** 市区公安、工商、规划、交通、卫生防疫、城市管理等行政职能部门，按照法定职责分工，在步行街区范围内依法履行各自的管理职责。

专门工作机构应对各职能主管部门在步行街区内执行公务予以协助。

**第六条** 专门工作机构可依照《深圳经济特区物业管理行业管理办法》的有关规定，委托物业管理企业对步行街区内的公共设施、设备及公共场地等公共物业实行专业化、一体化管理。

**第七条** 专门工作机构应当组织、指导步行街区范围内的业主、商户制定步行街区管理公约，实行民主、自律管理，维护步行街区业主、商户的合法权益。

**第八条** 步行街区范围内的城市道路、供电、供水、排水、消防、邮电、通信、路灯、燃气、有线电视、交通、绿化等公共设施归口相应的职能部门管理和维护。专门工作机构应协助有关部门做好上述公共设施的日常维护工作。

**第九条** 步行街区范围内的座凳、花坛、雕塑、景物小品、公共厕所、垃圾站及未归口主管部门管理的其他公共设施，由专门工作机构负责管理和维护。

**第十条** 步行街区内的公共设施不得随意动迁、改动。损坏公共设施的，应由责任人修复或赔偿，并依法追究责任人的法律责任。

**第十一条** 步行街区内的公共设施确需迁改的，应按法定程序报经有关职能部门批准。有关职能部门在批准步行街区内公共设施迁改前，应就迁改事项征询专门工作机构的意见；专门工作机构应为办理有关报批手续提供协助和服务。

**第十二条** 专门工作机构对步行街区范围内生活垃圾的收集、清运和环境卫生保洁工作承担辖区管理责任。

**第十三条** 凡在步行街区经营、购物、旅游、居住、执行公务的单位或个人必须遵守市容和环境卫生、城市绿化等城市管理的有关法律、法规、规章的各项规定，自觉维护步行街区的容貌和环境卫生。

**第十四条** 步行街区的业主、商户应按法定程序装修临街铺面，做到既美观又与城市规划要求的整体格调相协调。

**第十五条** 步行街区社会治安实行"人防、技防、物防"三结合，步行街区内各单位或个人必须严格遵守社会治安管理的各项法律、法规、规章，并按规定设置和完善治安监控防盗设施、设备。

**第十六条** 步行街区内各单位应严格遵守消防法律、法规的各项规定，按消防部门的要求设置和完善防火设施，并定期进行检查和维护，确保消防设施正常使用。专门工作机构应配合消防部门在步行街区内落实防火安全责任制，保障生命和财产安全。

**第十七条** 除执行任务的特种车辆外，步行街区内在每日 7 时至 24 时期间禁止车辆通行。

机动车辆和非机动车辆在前款规定时段内必须在步行街区周边依照城市规划设置的停车场、保管站内停放和保管，不得在步行街区内行驶。

载货车辆送货进入步行街区的，应在每日零时之后驶入，7 时之前驶离。

**第十八条** 凡在步行街区内从事商贸活动的经营者，都必须守法经营、优质服务、文明经营，并禁止下列行为：

（一）无证经营。

（二）超出商场、门店的门窗外墙范围摆卖、经营。

（三）经营假冒伪劣商品和发生缺斤短两等欺诈、损害消费者权益的行为。

**第十九条** 专门工作机构应协助商贸、工商部门做好步行街区业态营造和业种引导，维护步行街区内的经营秩序。

**第二十条** 步行街区的各业主或受委托的物业管理企业对所管物业内部的安全、秩序、消防等承担管理责任，并配合专门工作机构作好公共物业管理。

**第二十一条** 受专门工作机构委托从事公共设施、设备及场所等公共物业管理业务的物业管理企业，应根据《深圳经济特区物业管理行业管理办法》的有关规定提供公共物业管理服务，对步行街区内的业主收取物业管理服务费。

步行街区依法组建的保安队伍实行 24 小时保安值班制度，协助维护步行街区内的治安和公共秩序，并接受公安部门的业务指导。

保安人员对步行街区内的违法行为加以制止、纠正和教育；对违反治安管理的和有犯罪嫌疑的人员应送公安部门依法处理。

**第二十二条** 步行街区内的所有户外广告应由专门工作机构根据步行街区规划统一制订并公布设置要求和标准，依照有关规定报市户外广告联审会议批准后方可设置，并由专门工作机构协助有关部门实施日常监管。

**第二十三条** 专门工作机构应协助有关职能部门对步行街区内的户籍、计划生育、劳务等管理事项依法管理，提供简便、及时、有效的服务。

**第二十四条** 专门工作机构设立专门投诉电话和信箱，接受群众监督和对违法行为的举报。

**第二十五条** 对违反本暂行规定的行为，专门工作机构及其工作人员有权立即予以制止和纠正；对步行街区内发生的违法犯罪行为，专门工作机构应予以制止并报请和协助有关职能部门和司法机关依法查处，追究行为人的法律责任。

**第二十六条** 本暂行规定自十月一日起实施。

# 附件三：《华强北商业街区管理暂行规定》

## 华强北商业街区管理暂行规定

**第一条** 为加强和规范深圳市福田区华强北商业街区（以下简称商业区）管理，把商业区建成环境优美、秩序良好、安全文明、服务周到、商业繁荣的街区，根据有关法律、法规及规章，结合商业区实际，制定本暂行规定。

**第二条** 本暂行规定所称的商业区，是根据城市规划和法定图则设施，以福田区华强北路为中心，南起深南中路，北至红荔路，东起燕南路，西至华富路范围内。

**第三条** 凡在商业区内经营、购物、旅游、办公、居住、执行公务的单位或个人应遵守本暂行规定。

**第四条** 福田区人民政府在商业区设立专门管理工作机构（以下简称专门工作机构），依照本暂行规定对商业区范围内市容环境卫生、公共设施、治安交通程序、市场秩序、公共物业管理等具体公共事物进行协调和日常管理。

**第五条** 专门工作机构协助公安、工商、环保、消防、规划国土、交通、卫生防疫、城市管理、租赁管理、质量技术监督等有关职能部门及行业管理部门，在商业区范围内依法履行各自的管理职责。

**第六条** 专门工作机构的主要职责：

（一）宣传贯彻党和国家的法律、法规、规定及行业方针政策，及时反映商业区的经营和管理情况，制定商业区管理暂行规定，并经上级部门批准后实施。

（二）协助各职能主管部门对商业区的市容环境卫生、公共设施、社会治安、市场秩序、市政规划、质量技术监督、消防安全、交通、环境保护、商业文化、租赁经营等社会活动实施综合监督、管理和服务。

（三）委托物业管理企业对商业区未归口市政等部门管理的其他公共设施、设备及公共场地等公共物业进行维护保管、租赁经营或托管经营。

（四）根据商业区的规划，负责对商业区范围内商家经营场所改造、立面改造、流动摊位设置、广告招牌设立或更换等项目，统一制定并公布设置要求和标准，经有关部门批准后实施，并协助有关部门进行日常监管。

（五）与商业区内商家、业主共同完善防火、防盗设施和各项管理制度，防止重大事故发生。

（六）组织创建商业区文明街道活动，引导商家、业主公平竞争，维护正常经营秩序，并根据市、区创建目标，把商业区创建成以商贸为主，集购物、饮食、娱乐、证券、休闲、旅游观光于一体的现代文明综合性商业社区。

（七）协助有关职能部门做好对商业区内应归口管理的城市道路、供电、供水、排水、消防、邮电、通信、路灯、燃气、有线电视、交通、绿化、文化等公共设施的日常管理和维护工作。

（八）协助有关职能部门做好商业区的发展规划和市场调研，并及时提供信息服务。

**第七条** 专门工作机构依据本暂行规定第六条，对商业区内未归口相应职能部门管理的公共设施、设备及公共场地等公共物业（包括休闲广场、雕塑小品、跨街灯饰、全彩电子显示屏、公益广告、指示牌、路标、喷泉、座椅、防雨连廊、照明设施等）实施专业化管理和维护。

**第八条** 商业区内的公共设施确需迁改的，属于本暂行规定第七条管理范围的，需报专门工作机构批准；属于职能部门管理的，应征求专门工作机构的意见，并按审批程序报请有关职能部门批准后，方可迁移或改动。

**第九条** 凡在商业区经营、购物、旅游、办公、居住、执行公务的单位或个人必须遵守市容和环境卫生、城市绿化等城市管理的有关法律、法规、规章的各项规定，自觉维护商业区的容貌和环境卫生。

**第十条** 商业区的社会治安实行"人防、技防、物防、群防、群治"相结合，商业区内各单位或个人必须严格遵守社会治安管理和消防管理的各项法律、法规、规章。按规定设置和完善治安监控防盗、防火设施和设备，并定期进行检查和维护，确保正常使用。

**第十一条** 专门工作机构应当组织、指导商业区范围内的商家、业主制定商业区管理公约，实行民主、自律管理，维护商业区商家、业主的合法权益。

**第十二条** 凡在商业区内从事商贸活动的经营者，都必须守法经营、优质服务、文明经商，并禁止下列行为：

（一）无照（证）经营。

（二）超出商场、门店的门窗及外墙范围摆卖、经营。

（三）经营假冒伪劣商品和发生缺斤少两等欺诈、损害消费者权益的行为。

（四）经营各类翻版、盗版、黄色音像等文化制品。

（五）因噪声、空气污染等对社区环境、公共卫生有不良影响的其他经营活动。

（六）其他违法、违规行为。

**第十三条** 商业区内的商家、业主要积极配合专门工作机构及有关职能部门做好商业区的发展规划和市场调研，及时提供与市场调研有关的情况，为政府决策提供参考依据。

**第十四条** 商业区内的商家、业主或受委托的物业管理企业对所管物业内部的安全、消防等承担管理责任，并配合专门工作机构做好公共物业管理。

**第十五条** 受专门工作机构委托从事对公共设施、设备及场所等进行管理的物业管理企业，应根据《深圳经济特区物业管理行业管理办法》的有关规定提供公共物业管理服务，对商业区内的商家、业主收取物业管理服务费。

**第十六条** 专门工作机构聘请商业区商家、业主作为廉政建设共创文明商业区的监督员，建立监督责任制。专门工作机构设立专门投诉电话和信箱，接受群众监督和对违法行为的举报，并在接到投诉和举报后，应及时处理并给予回复。

**第十七条** 对违反本暂行规定的行为，专门工作机构有权立即予以制止和纠正；对商业区内发生的违法犯罪行为，专门工作机构应报请和协助有关职能部门和司法机关依法查处，追究行为人的法律责任。

**第十八条** 专门工作机构的工作人员必须坚持原则，秉公办事，不得以权谋私和损害群众的利益，自觉接受群众的监督。违者要依法严肃查处，并追究有关部门负责人的责任。

**第十九条** 本暂行规定自发布之日起实施。

## 附件四：《天津市特色商业街区管理办法》

### 天津市特色商业街区管理办法

**第一条** 为加强我市特色商业街区（以下简称特色街）管理，提升特色街品位，创建符合天津城市定位，体现大气、时尚、经典、靓丽的都市特色的商业街区，制定本办法。

**第二条** 本办法所称特色街，是指符合商务部制定的《商业街管理技术规范》（SB/T10517-2009）及我市特色商业街区管理规范要求，具有购物、餐饮、休闲、旅游、文化和娱乐等特色功能的商业街区。

**第三条** 本办法适用于本市范围内特色街的管理和认定命名。

**第四条** 市商务委根据《天津市城市总体规划（2005年-2020年）》和《天津市商业布局规划》，负责制定特色街发展规划及管理规范，组织特色街的认定和命名。各区县商务部门负责组织实施本办法。

**第五条** 特色街应设立专职管理机构，负责对街区环境卫生、公共秩序、食品安全、经营服务等实施统一管理，通过加强管理服务，突出本街区的经营特色，创建服务品牌，提高特色街的知名度和吸引力。特色街管理机构应遵守有关法律法规，自觉接受有关行政管理部门的监督管理。

**第六条** 特色街管理机构应按照国家相关质量管理标准，结合本街区经营定位及行业特点，制定《管理服务规范实施细则》，印发街区内经营单位，实行规范化管理。

**第七条** 特色街管理机构应严格履行各项管理职责，落实《管理服务规范实施细则》，对街区内不符合管理服务规范的行为应予以纠正，对街区内违法行为要及时制止，并将有关责任人依法移交有关部门处理。

**第八条** 特色街内的经营单位和经营者应自觉接受特色街管理机构的管理，严格执行《管理服务规范实施细则》，依法依规搞好经营，提升服务质量，维护特色街整体形象。

**第九条** 特色街开办夜市或以夜市为主要经营方式的，要合理设置灯光，严格控制噪声，自觉维护市容环境，不得违法占道影响交通，不得影响周边居民生活。

**第十条** 特色街认定命名应具备下列基本条件：

（一）符合本市城市总体规划和商业布局规划，经营特色鲜明，具有较高的知名度和发展潜力。

（二）规模居全市同行业商业街前列；同类商品或服务高度聚集，经营同类商品或提供相关服务的店铺数量或营业面积应占特色街店铺数量或营业面积总数的 50% 以上。

（三）配套设施齐全，消费环境舒适。

（四）经营管理有序，服务规范，文明诚信。

**第十一条** 特色街认定命名应依照以下程序：

（一）特色街管理机构向所在区县商务部门提出申请。

（二）区县商务部门初审，符合条件的，向市商务委推荐。

（三）特色街管理机构与区县人民政府签订管理责任书，区县人民政府分管商务工作的负责人与市商务委签订管理责任书。

（四）市商务委审核认定命名。对认定命名为"天津市特色商业街区"的特色街颁发标志牌并向社会公布。

**第十二条** 全市特色街实行总量控制。各区县不得自行命名特色街。特色街的审定命名每年进行一次。

**第十三条** 市和区县商务部门应加强对特色街的考核、检查和指导，检查可采取定期或随机的方式。

**第十四条** 市工商、公安、卫生、市容园林、质监、食品药品监管、环保等部门应本着促进特色街繁荣发展的原则，按照各自职能，指导和监督特色街管理机构履行管理职责，规范经营行为，维护市场秩序，提升管理水平。

**第十五条** 对新建并经市商务委认定命名的特色街，市和区县人民政府要给予政策支持。对经营管理规范，并在国内外及其消费者中商誉良好的特色街，应积极宣传，扩大影响。对已经命名的特色街，市商务委每年进行复检，对达不到本办法规定条件的，下达限期整改通知书，整改后仍达不到规定条件的撤销其命名，摘除特色街标志牌，并在媒体上公布。

**第十六条** 本办法自 2009 年 12 月 1 日起实行。

## 附件五：《杭州市商业特色街区管理暂行办法》

### 杭州市商业特色街区管理暂行办法

（2004 年 11 月 15 日杭州市政府常务会议审议通过，自 2005 年 1 月 1 日起施行）

#### 第一章 总则

**第一条** 为加强和规范商业特色街区的管理，维护商业特色街区良好的社会秩序，创造优美整洁、安全有序的购物、休闲和旅游环境，促进商业特色街，根据有关法律法规的规定，结合本市实际，制定本办法。

**第二条** 本办法适用于杭州市市区范围内（不含萧山区、余杭区）商业特色街区的管理。凡在商业特色街区内居住、办公，以及从事经营、购物、旅游、文化、娱乐等活动的单位和个人均应遵守本办法。

**第三条** 本办法所称商业特色街区，是指根据杭州市城市总体规划，由市人民政府命名的具有餐饮、购物、休闲、旅游、文化、娱乐等特色功能的商业街区。

商业特色街区（以下简称街区）的具体四至范围由所在地的区人民政府或者开发区、度假区、风景名胜区管理委员会（以下统称区人民政府）按照市人民政府批准的范围予以公布。

**第四条** 街区管理应当遵循属地管理、高效、便民的原则。

**第五条** 杭州市人民政府贸易行政管理部门负责街区的专业规划、特色定位、商业网点布局的综合协调和管理工作。

**第六条** 街区所在地的区人民政府负责组织实施本办法。

区人民政府可以组建街区管理机构并具体负责街区的日常监督管理工作。

各有关行政管理部门应当按照各自的职责，共同做好街区内的相关管理工作。

各有关乡（镇）人民政府、街道办事处应当配合街区管理机构和有关行政管理部门做好街区的日常监督管理工作。

**第七条** 街区管理机构对街区内的市容环境卫生与绿化、公共秩序与交通安全、公共设施、商业经营等实施日常监督管理。

第八条 市、区人民政府应当加大对街区管理经费的投入，街区管理机构实施日常监督管理所需经费由财政予以保障。

第九条 各行政管理部门对街区管理中涉及的行政许可事项，应当按照《中华人民共和国行政许可法》的规定实施行政许可，并将行政许可结果定期抄告所在地的街区管理机构。

第十条 违反本办法规定的，由有关行政管理部门根据有关法律、法规和规章的规定，依法实施行政处罚。

市、区城市管理行政执法机关根据《杭州市城市管理相对集中行政处罚权实施办法》的规定，在街区内依法行使城市管理行政处罚权。

第十一条 街区管理机构对街区内的违法行为应当进行劝阻或者予以制止，并按照法律、法规和规章的规定移交有关行政管理部门处理；有关行政管理部门作出行政处罚决定后，应当将适用一般程序的行政处罚结果定期通报所在地的街区管理机构。

## 第二章 市容环境卫生与绿化管理

第十二条 任何单位和个人应当自觉维护街区良好的市容环境卫生。

街区内禁止下列影响公共场所市容环境卫生的行为：

（一）在建（构）筑物外墙、市政公用设施、管线和树木及其他设施上非法张贴、涂写、刻画；

（二）在临街建筑物的顶部、阳台外、窗外和橱窗内吊挂、晾晒和摆放有碍市容的物品；

（三）随地吐痰、便溺，或者乱扔、乱丢、乱倒各种废弃物；

（四）施工场地不按规定采取防止扬尘污染措施，影响市容环境卫生；

（五）在喷水设施中洗澡或者洗涤物品；

（六）其他影响市容环境卫生的行为。

第十三条 禁止任何单位和个人占用、损毁或者擅自拆除、迁移、改建、封闭街区内的环境卫生设施。

第十四条 街区内的单位应当按照《杭州市"门前三包"责任制管理办法》的规定，做好"门前三包"责任工作。街区管理机构负责检查街区内责任单位的"门前三包"责任制具体执行情况。

第十五条 街区内的建筑风格、景观设计、户外广告及公共设施的设置，应当与街区的特色定位、总体环境相协调。

任何单位和个人不得擅自改变街区内建筑物原设计风格、色调，不得擅自在临街建（构）筑物上插挂彩旗、加装灯饰以及其他装饰物。

第十六条 街区内临街建（构）筑物的产权人或者使用人应当按照有关规定定期对建

（构）筑物外立面进行清洗、粉饰，保持建筑物的整洁和美观；出现破损的，应当及时修复，保持原有风貌。

街区内的业主、商户装修临街建筑物的门面，应当与街区的特色定位、总体环境相协调。

**第十七条** 街区内的下列活动依法需经有关行政管理部门审批的，有关行政管理部门应当事先书面征询所在地街区管理机构的意见，由街区管理机构进行日常监督管理：

（一）进行建（构）筑物临街立面装修；

（二）新建、扩建、改建建（构）筑物；

（三）设置景观灯光设施；

（四）占用、挖掘道路；

（五）设置户外广告，或者设置公益性宣传牌（栏）、宣传标语；

（六）其他影响街区景观的活动。

**第十八条** 任何单位和个人应当自觉保护街区内的环境，防止环境污染。

街区内禁止下列影响周围环境，造成环境污染的行为：

（一）违反规定标准安装空调、冷却、废气处理设施；

（二）在施工、商业或者娱乐活动中违反规定，产生噪声、废气、废水等环境污染；

（三）焚烧产生有毒有害烟尘或者恶臭气体的物品；

（四）其他影响周围环境，造成环境污染的行为。

**第十九条** 任何单位和个人应当自觉爱护绿化，保护各类绿化设施。

街区内禁止下列破坏城市绿化及其设施的行为：

（一）在草坪、花坛等公共绿地内设摊、搭棚、堆放物料、倾倒垃圾、取土堆土、排放污水污物或者晾晒衣物；

（二）在树木上钉钉、缠绕铁丝，或者吊挂、晾晒衣被等物品；

（三）践踏绿地、攀折树枝、偷取花草，或者擅自采花摘果、剪取枝条；

（四）擅自砍伐、迁移、截锯树木；

（五）其他破坏城市绿化及其设施的行为。

## 第三章 公共秩序与交通安全管理

**第二十条** 在街区内从事下列室外公共活动的，应当依法向有关行政管理部门办理审批或者备案手续，并报街区管理机构备案：

（一）举办展览、咨询、文艺表演、影视拍摄、体育等活动；

（二）在公共广场举办公益活动、商业促销活动；

（三）举办其他文化、商业、旅游等群众性聚集活动。

未经依法批准，擅自举办前款规定的活动的，街区管理机构应当进行劝阻或者予以制止，并可责令举办者清理现场，恢复原状，造成损失的，举办者应当承担赔偿责任。

**第二十一条** 任何单位和个人应当自觉维护街区的公共秩序和公共安全。

街区内禁止下列妨碍公共秩序、影响公共安全的行为。

（一）违法乞讨钱财，或者进行恐怖、残忍表演；

（二）进行卜卦、算命等封建迷信活动或者赌博；

（三）违反规定携带犬只出户；

（四）违反规定燃放烟花爆竹；

（五）其他妨碍公共秩序、影响公共安全的行为。

**第二十二条** 街区管理机构应当协助公安机关维护街区内的治安秩序，设置和完善治安监控、防盗设施，并定期进行检查，确保正常使用。

街区管理机构应当配合公安、民政等行政管理部门做好流浪乞讨人员的救助工作。

**第二十三条** 街区内的单位和个人应当遵守消防法律、法规，按照消防部门的要求，设置和完善消防设施，定期进行检查和维护，确保消防设施正常使用。

街区管理机构应当加强街区内公共场所的消防安全工作，督促责任单位和个人落实消防安全措施，消除火灾隐患。

**第二十四条** 公安、规划等行政管理部门会同街区管理机构负责制订、实施街区交通管理方案。进出街区的所有车辆和行人应当遵守道路交通安全法律法规和街区交通管理方案的有关规定。

**第二十五条** 根据城市总体规划，属于规定时间内禁止车辆通行的步行街区的范围，由市公安机关交通管理部门予以公告。

在步行街区内，除执行公务的警车、消防车、救护车和工程救险车以外，其他车辆在规定时间内禁止通行；确需进入的车辆，必须按公安机关交通管理部门指定的时间和路线通行，并在规定的停车场地停放。

对车辆擅自进入步行街区或者在步行街区内任意停放车辆的行为，街区管理机构应当进行劝阻或者予以制止。

**第二十六条** 街区管理机构应当按照公安、规划和建设等行政管理部门的设置要求和规划功能，对街区内的室内外停车场实施日常监督管理。

街区内的室内外停车场由产权单位按照规划功能使用，擅自停止使用或者改作他用的，应当限期恢复使用功能。

## 第四章 公共设施管理

**第二十七条** 任何单位和个人都应当爱护街区内的公共设施。禁止有损或者有碍于公共设施的行为。

**第二十八条** 街区内的道路、地下管线、环境卫生设施等公共设施由相应的职能部门和产权单位负责管理和维护。

街区管理机构应当协助有关部门和单位做好公共设施的日常管理和维护工作，发现公共设施损坏的，应当及时督促有关部门和单位予以修复。

街区管理机构可以受有关部门和单位的委托，对街区内的公共设施实行一体化、专业化维护。

**第二十九条** 街区内公共场所的雕塑、景物小品等公共休闲设施由街区管理机构负责日常管理和维护。

**第三十条** 街区内设置各类导向标志或者解说标牌的，应当采用符合国际标准的公共信息图形符号和多国语言标志。

**第三十一条** 街区内的夜景灯光应当符合城市设计和街景规划，与街区的总体环境、格调相协调。夜景灯光的设置按照《杭州市夜景灯光设置管理办法》执行。

**第三十二条** 街区内的公共设施不得随意迁移、改动。确需迁移、改动的，应当依法报经有关行政管理部门批准，有关行政管理部门应当事先书面征询所在地街区管理机构的意见。

## 第五章 商业经营管理

**第三十三条** 街区管理机构应当积极对外宣传、推介街区，组织、支持商户开展主题商业文化活动，提高街区的知名度和吸引力。

**第三十四条** 街区管理机构应当协助贸易、工商等行政管理部门做好街区的发展规划、市场调研、业态布局和业种引导、经营秩序管理等工作。

**第三十五条** 街区管理机构应当组织和指导街区内的商户制定街区商业经营管理公约，引导商户参加或者组建相关的行业协会，实行自律管理，维护业主、商户的合法权益。

**第三十六条** 街区管理机构应当建立和完善消费者投诉渠道，及时调解商户和消费者之间的纠纷，保护消费者的合法权益，维护街区良好的经营秩序。

**第三十七条** 在街区内从事商业经营活动的单位和个人，应当守法经营、公平竞争、文明经商、诚信服务，保持街区的业态定位，创建经营特色和服务品牌。

街区内禁止有下列行为：

（一）无照经营；

（二）擅自超出商场、商店的门窗、外墙摆卖物品或者进行其他经营活动；

（三）经营假冒伪劣商品、价格欺诈等损害消费者权益的行为；

（四）低价倾销、贬低竞争对手等不正当经营行为；

（五）其他违反法律、法规和规章的行为。

### 第六章　附则

第三十八条　本办法自 2005 年 1 月 1 日起施行。

## 附件六：《杭州市贸易局〈杭州市商业特色街区管理暂行办法〉立法后评估报告》

### 杭州市贸易局《杭州市商业特色街区管理暂行办法》立法后评估报告

按照《关于开展 2008 年度规章立法后评估工作的通知》（杭府法〔2008〕6 号）文件的要求，2005 年 1 月 1 日施行的《杭州市商业特色街区管理暂行办法》（以下简称《暂行办法》）列入 2008 年度规章立法后评估范围。我局通过召开座谈会、书面征求施行情况意见及实地调研等，收集管理部门、行政管理相对人和其他社会公众对《暂行办法》的意见和建议。对《暂行办法》实施绩效和存在的不足进行了评估。现将立法后评估工作报告如下：

## 一、《暂行办法》施行以来的绩效

近年来，在市委、市政府的高度重视和支持下，杭州商业特色街区的建设与发展迅猛，对增强城市综合服务功能，促进城市管理，打造城市品牌，推动商贸旅游的互动发挥了显著的作用。建成的商业特色街区特色鲜明、主题突出，已逐步显示了集休闲、旅游、购物、娱乐为一体的杭州城市品牌效应，有效地提升了杭州城市品质和综合竞争力，促进了旅游的发展，迎合了现代消费需求，增强了杭州城市的影响力和竞争力，产生了较好的社会效益和经济效益。《暂行办法》的实施对加强和规范商业特色街区的管理，维护商业特色街区良好的社会秩序，创造优美整洁、安全有序的购物、休闲和旅游环境，促进商业特色街区的繁荣和发展发挥了积极的作用。

一是按照《暂行办法》"属地管理"的原则，各城区政府（风景名胜区管委会）为加强商业特色街的日常综合管理，根据辖区不同情况对建成的商业特色街区都建立了不同形式的街区管理机构，组织了管理队伍，具体负责街区的日常监督管理，各有关行政管理部门按照各自的职责，共同做好街区内的相关管理工作，有效地加强和规范商业特色街区的管理。管

## 附 录 商业街管理国家、地方技术规范

委会的形式主要有两种:第一种是区政府派出机构,有适当的事业编制,相关部门派员进驻,共同管理。第二种是街道派出机构,相关部门作为区领导小组成员,以联席会议形式进行工作沟通协作。

二是街区管委会在市场的基础上组织商家开展诚信经营(服务),落实市政府城市管理,清洁杭州,"洁美窗口",创建全国文明城市等工作;较好地发挥政府规划指导、政策扶持作用,促进商业特色街区快速做大做强;抓特色,并以特色来带动街区的品牌建设、业态调整,将特色街作为杭州城市的"会客厅"和"金名片",对外宣传的"金橱窗",休闲旅游的"新载体";切实提升街区品质,加大整体宣传力度,很好地集聚了人气,提高了知名度。至2007年底,我市现有9条商业特色街区年经营额281.82亿元,年纳税额2.67亿元,有店铺数量14028个,从业人员7.17万人,年人流量1.2亿人次。至2008年,中国步行商业街工作委员会分别授予清河坊为"中国著名商业街",授予丝绸特色街、四季青、文三路、武林路和石祥路为"中国特色商业街",授予南山路为"中国最具升值前景商业街"。2007年,国家旅游局批准清河坊为国家4A级旅游景区。四季青和武林路分别被中国商业联合会授予"中国服装第一街"和"中国时尚女装第一街"称号。

三是管委会有组织地引导街区内的商户制定街区商业经营管理公约,有6个街区组建相关的商户(行业)协会,建立街区信用体系,维护街区良好的经营秩序。加强对商户的教育,帮助商户解决问题,引导商户进行文明经营。免费开展经营户法律法规及相关知识培训班,请工商、技术监督、物价等部门对产品质量、计量、标准化管理、商标、价格以及如何保护消费者权益进行授课。建立监督举报制度,会同区工商、质监、物价等有关部门对市场和经营户进行不定期的检查,辅导商户提高产品质量、提升品牌。建立管理服务规范标准,街区管理制度化、规范化,整体形象,品牌提升。经市质量监督管理局认定的服务规范标准的街区有:清河坊、丝绸城、武林路、四季青、梅家坞等。至2008年8月,我市商业特色街区已有全国"百城万店无假货"活动示范街2条,省级"百城万店无假货"活动示范街1条,市级"百店无假货"活动示范街1条。

四是根据《杭州市商业特色街区管理暂行办法》,我局负责商业特色街区建设综合协调和管理,加强了对商业特色街区的规划、特色定位、商业网点布局等综合协调、指导和政策研究;积极开展了对各商业特色街的整体包装宣传和展示,促进杭州商业特色街扬特色、升品位、显魅力、创品牌,扩大我市商业特色街区在国内外影响;建立了商业特色街例会制度,做好各商业特色街区的情况交流;组织商业特色街参加全国商业街论坛,参加学习交流活动;配合城管部门的城管要求,牵头检查商业特色街区"洁美窗口"、全国文明城市创建等目标任务的落实到位,促进各商业特色街区市容街貌的改观;根据《杭州市商业特色街区品牌创建三年行动计划》,我局还编制完成了《杭州市商业特色街区五年发展纲要》,以规划指导新

一轮商业特色街区建设、整治和管理。

## 二、实施《暂行办法》中的问题

《暂行办法》的实施,有利于街区管理机构加强日常监督管理工作,促进街区有序经营和可持续发展。但在实际工作中,由于管委会无执法职能,也面临业态调整难、资源整合难、协税护税难等矛盾,街道派出的管理机构,协调能力更弱,管理难度更大。

1、根据《暂行办法》第六条至第十一条。有的商业特色街区管理机构的职权还不到位,有关行政管理部门执法管理协调不够。各商业特色街区的管理机构基本形式大部分是各区政府派出的一个协调和监督管理机构,并由属地的相关执法管理部门派员参加执法管理。但在实际日常综合管理中,管委会人员由于职能所限,在现场管理中权威性不够,无法解决实际问题,而相关职能部门又不能及时到位处理问题。因此,对街区的日常综合管理带来较大难度。梅家坞管理办公室和信义坊商业步行街管委会只是街道派出机构,在日常管理协调工作中牵头的难度更大。

2、根据《暂行办法》第十七条。商业特色街区内的电线杆、电话亭等公用设施和建筑物上的广告,均由各物业管理职能部门自行申报和设计,有关行政管理部门事先未与街区管理机构征询意见就批准,影响街区的整体风格和布局,出现不协调的现象。

3、根据《暂行办法》第二十四条。现有交通管理状况与商业特色街的氛围不协调。商业特色街功能是聚人气、聚财气,要给消费者提供安全便利的购物、休闲环境,如果在商业特色街过度强调交通功能就会弱化商业氛围。从动态交通看,如文三路的单向行驶,湖滨路的通车恢复,这些交通组织对市民游客进入特色街很不便。从静态交通管理看,商业特色街区停车位少对商家经营有一定影响。

4、根据《暂行办法》第二十条。商业特色街为营造氛围,聚集人气,组织开展休闲、旅游、文化、商贸活动,但活动报批手续繁琐。

5、《暂行办法》有的条款与细节亟待补足,如缺乏对街区私有制营业房业主的管理条款、针对存在交叉管理的部分未明确管辖主体、缺乏对政策执行部门的约束条款。现有条款缺乏可操作性的部分,如街区管理机构的管理权限不明、具体条款的执法主体缺位、公共设施管理条款的管理主体不明、有关行政管理部门的配合工作难以落实等,应及时完善《暂行办法》。

## 三、对《暂行办法》立法后评估的意见

商业特色街区是城市生活品质内涵的重要载体,在新的历史时期,要进一步提升品质。

## 附 录 商业街管理国家、地方技术规范

市第十次党代会提出打造覆盖城乡、全民共享"生活品质之城"战略目标,提出了进一步推进商业特色街区建设的要求。明确提出新一轮商业特色街区"9+9",即"提升9条老街区、培育9条新街区、创建若干名街区"要求。因此,根据《关于进一步推进商业特色街区建设与管理的实施意见》和《杭州市商业特色街区品牌创建三年行动计划》的精神,需进一步落实和完善《杭州市商业特色街区管理暂行办法》,以更好地推进商业特色街区的建设和发展,促进商业特色街区建设和管理提高到一个新水平。

(一)建立健全商业特色街区的管理机构。按照《暂行办法》各区政府要对所属市级商业特色街区的管理机构的运作情况进行自查,加强落实。一是要确保管理机构的人员到位,尤其是各区执法管理部门派出人员工作到位;二是要按照《杭州市商业特色街区管理暂行办法》明确管理机构的具体有效的职能;三是明确管理机构为区政府直属的派出管理机构,明确有利于协调和权威的责权。其机构形式可以根据各区实际设置,但必须人员、经费、职责到位。

(二)商业特色街区的管理是城市管理的重要组成部分。目前,我市城市管理职责,实行"两级政府、三级管理、四级服务"的城市管理工作格局,以块为主,条条保障,为属地管理的模式,应加强街区管委会与区政府及区相关部门的沟通和协商,建立行政审批、处罚、许可事前征询意见,事后抄告、通报,定期或不定期联席会议等制度,建立完善属地管理联动机制,提高管理水平。新的街区多数还没有常设管理机构,原则上要求成立管委会,至少应明确专门人员管理。

(三)培育街区特色,完善服务功能,进一步深化商业特色街区经营定位和主题风格。街区内的商业网点开发,其他项目的建设改造,以及公共设施的设置,广告亮灯的设计制作等要严格按照街区的规划定位操作实施,并在实施前必须征求街区管理机构的意见。对街区的商业业态调整和招商引资项目要设置前置条件,符合商业特色街区的经营定位。

(四)弱化动态交通功能,强化静态交通设施。商业特色街区应努力创造一个便利、宽松的休闲消费环境,其动态和静态交通组织应与一般的街道有所区别。将与交通部门进一步沟通,研究制定各条商业特色街区交通管理方案。

(五)在城市管理方面,街区要积极与城管部门协商,对商业特色街区内的商家倚门设摊、利用店门前空闲场所进行促销、展示等活动,在管委会统筹规划和能有效管理的前提下,争取城管部门予以支持。

(六)继续落实市政府关于商业特色街区户外广告和亮灯问题等已有的扶持政策。商业特色街区的所有广告设置和设计,产权部门都应首先征得街区管理机构的意见,户外商业广告拍卖所得,应全额返还街区管委会,并简化审批程序,明确操作办法。商业特色街区内为烘托、美化街区夜景而设置的非营利性亮灯用电应进入城市路灯网,不能进入的,其电费也应列入财政专项支出。